16.80

Am Rande der Arbeitsgesellschaft:
Weibliche Behinderte und Erwerbslose

Alltag und Biografie von Mädchen
Band 13

Herausgegeben von der
Sachverständigenkommission Sechster Jugendbericht
Helga Krüger, Gerhild Frasch, Elfriede Bode,
Dieter Baacke, Renata v. Ungern, Gabriele Naundorf

Redaktion: Winfried Krüger, Carola Möller, Marianne Weg

Angelika Diezinger
Regine Marquardt
Ulrike Schildmann
Ursula Westphal-Georgi

Am Rande der Arbeitsgesellschaft: Weibliche Behinderte und Erwerbslose

Leske Verlag + Budrich GmbH, Opladen 1985

Angelika Diezinger, geb. 1951, Dipl-Soz., Mitarbeit an Projekten der Frauenforschung, insbesondere zur beruflichen Sozialisation von Frauen. Letzte Veröffentlichung: siehe oben und Bilden/Diezinger, Individualisierte Jugendbiographie? in: Zeitschrift für Pädagogik 2/84

Regine Marquardt, geb. 1944, Soziologin, Mitarbeit an Projekten der Frauenforschung, insbesondere zur beruflichen Sozialisation von Frauen. Letzte Veröffentlichung: Diezinger/Marquardt/Bilden/Dahlke: Zukunft mit beschränkten Möglichkeiten, Entwicklungsprozesse arbeitsloser Mädchen, München 1983

Ulrike Schildmann, geb. 1950, Dr. phil., Dipl.-Päd., von 1976-1980 Lehrbeauftragte am Institut für Sonderpädagogik der Pädagogischen Hochschule Berlin; 1978-1983 Wissenschaftliche Assistentin am Soziologischen Institut der Freien Universität Berlin (Schwerpunktfach Gesundheitssystemanalyse); 1984 Gastdozentin an der Universität von Island, Reykjavik, (Behindertenpädagogik und Medizinsoziologie).
Wichtige Veröffentlichungen:
Ulrike Schildmann, Zur politischen und ökonomischen Funktion der beruflichen Rehabilitation Behinderter in der BRD und West-Berlin, Rheinstetten (Schindele) 1977;
Ulrike Schildmann, Lebensbedingungen behinderter Frauen, Gießen (Focus) 1983; und verschiedene Aufsätze in Fachzeitschriften und Büchern.

Ursula Westphal-Georgi, Dr. phil.; Mitarbeiterin am Hamburger Institut für Sozialforschung; Veröffentlichungen zu Fragen der Arbeitsmarkt- und Familienpolitik in ihrer Auswirkung auf Frauen.

CIP-Kurztitelaufnahme der Deutschen Bibliothek

Alltag und Biografie von Mädchen / hrsg. von d. Sachverständigenkomm. Sechster Jugendbericht. Helga Krüger . . . – Opladen : Leske und Budrich

NE : Krüger, Helga (Hrsg.); Sachverständigenkommission Sechster Jugendbericht

Bd. 13. Am Rande der Arbeitsgesellschaft: Weibliche Behinderte und Erwerbslose. – 1985

Am Rande der Arbeitsgesellschaft: weibliche Behinderte und Erwerbslose / Angelika Diezinger . . . – Opladen : Leske und Budrich, 1985. (Alltag und Biografie von Mädchen; Bd. 13)

ISBN: 3-8100-0484-7

NE: Diezinger, Angelika (Mitverf.)

Gesamtherstellung: Hain Druck GmbH, Meisenheim/Glan
Printed in Germany

Vorbemerkung der Sachverständigenkommission

Alltag und Biografie von Mädchen sind vielfältig und reichhaltig an gesellschaftlichen Erfahrungen und Widersprüchen; nur ist viel zu wenig davon bekannt. Die vorliegende Reihe veranschaulicht diesen Alltag, liefert Daten, analysiert den gesellschaftlichen Kontext und macht hierüber die Besonderheit weiblicher Existenz deutlich. Sie stellt den Lebenszusammenhang von Mädchen in den Mittelpunkt, um von hier aus eine angemessene Sichtweise der Probleme und neue Perspektiven für Mädchen und Frauen zu entwickeln.

In Forschung und wissenschaftlicher Literatur über Kinder- und Jugendfragen kommen Mädchen wenig vor, da durchweg ohne Unterscheidung über die Lebenskonzepte, die Berufsorientierung, Ausbildungs-, Schul- oder Freizeitprobleme, Familiensituation und Konfliktlagen „der Jugendlichen" oder der „Kinder" nachgedacht wird. Schon bei erstem Hinsehen zeigt sich: Es wird praktisch nur von Jungen berichtet – Mädchen erscheinen subsumiert bzw. allenfalls als eine (defizitäre) Untergruppe des „Normalfalls" der männlichen Jugendlichen. So bleiben die durch die geschlechtsspezifische Arbeitsteilung in der Gesellschaft bedingten Merkmale ihrer Lebenssituation unsichtbar: die Interessen und Denkweisen von Mädchen, ihre Stärken und die ihnen zugemuteten Benachteiligungen, ihre Probleme sind kein Thema. Es geht um „Schüler", „Arbeiterjugendliche", „die Alternativszene" – aber nicht um Schülerinnen, Arbeitermädchen, Mädchen in Alternativbewegungen ....

Das Spektrum dieser Reihe umfaßt unter anderem: die Sichtweise des „weiblichen Sozialcharakters" in den Sozialisationstheorien; Mutter/Tochter- und Vater/Tochter-Beziehungen in der Familie, den Sexismus in der Schule, im Kindergarten, in der Beratungspraxis und in Heimen, die Weiblichkeitsbilder in den Medien; Untersuchungen zur Lebenssituation von Mädchen ohne Ausbildung, von behinderten Mädchen und Mädchen auf dem Lande; sexuelle Gewalt gegen Mädchen ist ebenso Thema wie die Diskriminierung von Mädchen im geltenden Recht; Alternativen der Mädchenarbeit werden aufgezeigt sowie theoretische und praktische Ansätze einer kulturpolitischen Bildung für Mädchen und Frauen.

Die Arbeiten sind als Expertisen zum 6. Jugendbericht entstanden, der das Thema „Verbesserung der Chancengleichheit von Mädchen" zum Gegenstand hat. Ihre Veröffentlichung in dieser Reihe wurde finanziell vom Bundesministerium für Jugend, Familie und Gesundheit gefördert. Die Expertisen waren eine der Grundlagen für die Sachverständigenkommission, die zu Beginn ihrer Arbeit die erheblichen Informations- und Forschungslücken auf allen Gebieten feststellen mußte. Um sie zu schließen, wurden Wissenschaftler/innen und Praktiker/innen mit den oben genannten Themen beauftragt.

Die Expertisen dieses Bandes thematisieren die programmierte Ausgrenzung von Mädchen unter den Bedingungen von zunehmender Erwerbslosigkeit, Beschäftigungsabbau und Einschränkung des Sozialsystems mit dem sukzessiven Abbau sozialstaatlicher Maßnahmen verstärkt sich die materielle und die ideologische Ausgrenzung immer größerer Bevölkerungsgruppen. Das betrifft in besonderem Umfang die Frauen, wie Ursula Westphal-Georgi nachweist – der politische Anspruch auf Chancengleichheit scheint vergessen. Regine Marquardt und Angelika Diezinger zeigen, wie die Lebensperspektive junger Frauen wieder auf die unbezahlten Tätigkeiten in der Hausarbeit eingeengt wird. Die Untersuchung von Ulrike Schildmann macht deutlich, wie für die Gruppe behinderter Mädchen die Marginalisierung und Diskriminierung sich noch vervielfacht.

Inhaltsübersicht

Der Abbau sozialstaatlicher Maßnahmen in seinen Auswirkungen auf Mädchen

Inhalt

Vorbemerkung

In dem Titel dieser Expertise ist implizit die Annahme enthalten, daß es zweckmäßig ist, geschlechtsspezifische Analysen zur Lebenssituation von Jugendlichen anzufertigen, weil Jungen und Mädchen mit unterschiedlichen Erziehungszielen, Verhaltensanforderungen und Lebenschancen in dieser Gesellschaft konfrontiert werden.

Nach meinen Erkenntnissen sind diese Unterschiede aus der geschlechtsspezifischen Arbeitsteilung zwischen Mann und Frau zu erklären. Die Situation der Frauen und die Rollenbilder für Mann und Frau werden durch diese Arbeitsteilung geprägt. Sie sind die wesentlichen Orientierungspunkte für die Lebensvorstellungen von Mädchen und jungen Frauen. Um diesen Zusammenhang zwischen der Lebenswelt der Erwachsenen und der Perspektive der Mädchen angemessen zu erfassen, will ich den Abbau sozialstaatlicher Maßnahmen auf dem Hintergrund der Entwicklung der geschlechtsspezifischen Arbeitsteilung in ihrer Wirkung auf Frauen im ersten Teil darstellen.

Eine repräsentative und umfassende Untersuchung über die Einsparungen in den öffentlichen Haushalten kann in dieser kurzen Expertise nicht geleistet werden. Ich gehe deshalb exemplarisch vor und zeige im zweiten Teil Auswirkungen des Abbaus von sozialstaatlichen Maßnahmen auf Mädchen an einigen Beispielen auf, die zentrale Lebensbereiche betreffen.

In dem dritten, abschließenden Teil der Expertise frage ich nach den Perspektiven für die achtziger Jahre und versuche die Entwicklung in wichtigen Problemfeldern zu skizzieren.

I. Merkmale und Entwicklung geschlechtsspezifischer Arbeitsteilung

Geschlechtsspezifische Arbeitsteilung bedeutet mit einfachen Worten: Die Frauen sind für die Pflege und Betreuung, das physische und psychische Wohlergehen von Familienangehörigen, also von Ehemann, Kindern, älteren und hilfsbedürftigen Angehörigen zuständig, während der Mann durch die Erwerbsarbeit den Lebensunterhalt der Familie erarbeitet.

Familienarbeit und Erwerbsarbeit werden unterschiedlich bewertet und honoriert. Die Haus- und Familienarbeit ist zur Reproduktion gesellschaftlich unabdingbar notwendig; aber sie sichert nicht den Lebensunterhalt. Ihre soziale Honorierung ist widersprüchlich. Zum einen werden diese Tätigkeiten als die vornehmste und dem Wesen der Frau und Mutter adäquate Aufgabe betrachtet; zum anderen werden sie als selbstverständliche Leistung hingenommen, die keiner besonderen Achtung und Anerkennung bedürfen. Dies liegt unter anderem daran, daß helfende, pflegerische, unterstützende Tätigkeiten nicht dem Leistungsideal dieser Gesellschaft entsprechen, die eher an technischer Effizienz und Güterherstellung orientiert ist.

Das Einkommen wird über die Erwerbsarbeit gesichert, an sie ist die Versicherung im Krankheitsfall und bei Invalidität geknüpft. Ansprüche aus Leistungen nach dem Arbeitsförderungsgesetz, der Arbeitslosen- und Rentenversicherung leiten sich aus ihr ab. Frauen waren und werden als Ehefrauen über die Lohnarbeit des Mannes versorgt. Darüberhinaus bestimmt die Position, die jemand in der Berufswelt innehat, seinen sozialen Status, den Freundes- und Bekanntenkreis, das Selbstbild und die sozio-ökonomische Identität.

1. Zunehmende Berufsorientierung der Frauen

Eine strenge, geschlechtsspezifische Arbeitsteilung funktioniert zwischen Männern und Frauen schon seit Jahrzehnten nicht mehr, denn Frauen drängen verstärkt in die Erwerbsarbeit. Alleinstehende Frauen weisen in ihrer Erwerbsbeteiligung kaum Unterschiede zu den Männern auf; allerdings sind auch zwischen diesen beiden Gruppen die unterschiedlichen Einkommen und Berufspositionen gravierend. Die Zunahme der weiblichen Erwerbsquote in den letzten

Jahren ist auf die verstärkte Erwerbsbeteiligung von verheirateten Frauen und Müttern zurückzuführen. „Das veränderte Erwerbsverhalten der Frauen ist außerdem gekennzeichnet von einer zunehmenden Zahl verheirateter Frauen, die nach ihrer Heirat berufstätig bleiben und ihre Erwerbstätigkeit erst nach der Geburt von Kindern unterbrechen; von einer zunehmenden Anzahl von Frauen, die nach einer Unterbrechung ihrer Erwerbstätigkeit wieder ins Erwerbsleben zurückkehren bei einer deutlichen Abnahme der Unterbrechungszeiten. Die Entwicklung läßt sich aufgrund der Arbeitslage weniger an der Zunahme der faktischen Erwerbstätigkeit ablesen, sondern drückt sich in der zunehmenden überproportionalen Frauenerwerbslosigkeit bzw. dem Anwachsen der ‚Stillen Reserve' aus."[1]

Diese seit Jahrzehnten zunehmende Ausbildungs- und Berufsorientierung der jungen Frauen und der verheirateten Frauen und Mütter hat aber die geschlechtsspezifische Arbeitsteilung kaum aufgehoben, sondern sie ist in den meisten Fällen einer Doppelbelastung der Frauen durch Berufs- und Hausarbeit gewichen. Es fehlt sowohl an Einrichtungen zur familienergänzenden Betreuung von Kleinkindern und schulpflichtigen Heranwachsenden als auch an Regelungen, durch die Männer und Frauen gleichermaßen von der Erwerbsarbeit freigestellt werden, um sich Familienaufgaben widmen zu können.

2. *Widersprüchliche Normentwicklung in bezug auf mehr Partnerschaft*

In der kulturellen Normentwicklung hat sich in den siebziger Jahren ein Trend gezeigt, partnerschaftliche Lösungen in der Bewältigung von Familienaufgaben zumindest in der Mittelschicht anzustreben.[2]

Diese Tendenzen wurden durch Änderungen im Recht gestärkt. Denn mit Inkrafttreten des neuen Ehe- und Familienrechts am 1. Juli 1977 wurde das längst überfällige Leitbild der sogenannten Hausfrauenehe (§ 1356 BGB) beseitigt.[3] Diese Gesetzesänderung konnte als eine rechtliche Unterstützung für eine gesellschaftliche Entwicklung gewertet werden, die die Vereinbarkeit von Familie und Beruf für Mann und Frau unterstützt und die darauf zielt, daß Familienaufgaben gemeinsam und partnerschaftlich bewältigt werden. Dieser gesetzgeberische Reformfrühling währte aber nur kurz. Denn in den letzten Jahren wurden verstärkt Maßnahmen vorgeschlagen und Gesetze verabschiedet, die allein die Frauen wieder einseitig auf Familienarbeit festlegen.

Als wichtigste Vorschläge und Maßnahmen sind hier kurz zu nennen:

– Ab dem 1. Juli 1979 wurde der erweiterte Mutterschaftsurlaub eingeführt. Frauen können sich für sechs Monate nach dem Schwangerschaftsurlaub freistellen lassen ohne den Anspruch auf ihren Arbeitsplatz zu verlieren.

Die Frauen erhalten während dieser Zeit kein Gehalt, sonder 750,– DM Mutterschaftsgeld. Zahlreiche Gruppen hatten statt des Mutterschaftsurlaubs einen Elternurlaub gefordert, den Männer oder Frauen wahlweise in Ansprch nehmen können oder – ein anderer Vorschlag – den sie sich teilen müssen. Nach diesen Vorstellungen sollten Männer und Frauen die Belastungen und Vorteile einer Freistellung von der Erwerbsarbeit wegen Kleinkinderbetreuung gemeinsam tragen.
Die jetzige Regelung bietet hingegen keine gesetzliche Grundlage dafür, daß Männer und Frauen gemeinsam adäquate Zeit- und Geldäquivalente für die Bewältigung von Familienaufgaben vom Staat, von den Arbeitgebern und Gewerkschaften fordern. Nach dem Mutterschaftsurlaubsgesetz wird die Kleinkinderbetreuung wieder als ausschließliche Aufgabe von Frauen definiert. Diese Regelung beeinträchtigt die Chancen *aller* Frauen im gebärfähigen Alter auf dem Arbeitsmarkt, denn die Arbeitgeber müssen mit mehrmonatigen Ausfällen *nur* bei Frauen rechnen. Darüberhinaus ist ein unterschwelliger Interessenkonflikt zwischen Nur-Hausfrauen, selbständig tätigen Frauen und lohnabhängig arbeitenden Frauen entstanden, denn nur letztere erhalten das Mutterschaftsgeld von 750,– DM. Diese Diskrepanz verstärkt den Druck auf den Staat, die Arbeit der Nur-Hausfrauen und Mütter zu bezahlen.

– Ein Ansatz zur finanziellen Honorierung der Familienarbeit ist die Absicht der CDU, ein Erziehungsgeld von 400,– DM pro Monat einzuführen, das Frauen erhalten sollen, die bereit sind wegen Kleinkindererziehung aus dem Erwerbsleben auszuscheiden, bei gleichzeitiger Aufgabe ihres Anspruchs auf Arbeitslosengeld und unter Verzicht auf eine Arbeitsplatzgarantie.
– Frauen sind bei Förderungsmaßnahmen nach dem Arbeitsförderungsgesetz unterrepräsentiert, weil sich dieses Gesetz in seinen Maßnahmen und Anspruchsgrundlagen an den lohnabhängig arbeitenden Männern und nicht an der Lebenssituation von Frauen orientiert, die mit Familienaufgaben belastet sind und ihre Erwerbstätigkeit danach ausrichten müssen.
– Auch die Vorschläge zur Rentenreform 1984 tragen eher dazu bei, die geschlechtsspezifische Arbeitsteilung zu vertiefen anstatt sie zu mildern. Die Mehrheit der politisch Verantwortlichen hat sich dem Vorschlag der sogenannten Meinhold-Kommission für eine ‚Teilhaberrente' angeschlossen. Das bedeutet, daß sich das Reformvorhaben auf eine Neuordnung des gegebenen Systems der Hinterbliebenenrente beschränkt und dies zugunsten der Männer verbessert. Hiermit wird auf eine umfassende Reform des Systems der Alterssicherung – unter Berücksichtigung aller Frauen, insbesondere auch der alleinstehenden, gering verdienenden Arbeiterin oder Angestellten – verzichtet. Zur Einschätzung der Wirkungen des bevorzugten Modells der ‚Teilhaberrente' ist auf eine Stellungnahme des DIW hinzuweisen. Hier wird festgestellt, daß allen möglichen Varianten des Modells letztlich das Leitbild der nicht erwerbstätigen Frau zugrunde liegt, die lebenslang vom Unterhalt durch den Ehemann oder den Staat abhängig ist. Die Funktion

der Ehe als Versorgungseinrichtung und Alternativrolle zur Erwerbsarbeit wird so für die Frauen festgeschrieben und noch verstärkt.[4]

– Ein ‚Gesetz über die Gleichbehandlung von Männern und Frauen am Arbeitsplatz und über die Erhaltung von Ansprüchen bei Betriebsübergang' wurde 1980 verabschiedet. Es sollte das bundesrepublikanische Arbeitsrecht an die Richtlinie Nr. 27/207/EG ‚Zur Verwirklichung des Grundsatzes der Gleichbehandlung von Männern und Frauen hinsichtlich des Zugangs zur Beschäftigung, zur Berufsbildung und zum beruflichen Aufstieg sowie in bezug auf die Arbeitsbedingungen' anpassen. In seiner derzeitigen Ausgestaltung wird das Gesetz weitgehend wirkungslos bleiben und die Intention der EG-Anpassungsrichtlinie nicht erfüllen. Denn über den arbeitsrechtlichen Gleichbehandlungsgrundsatz hinaus sieht das Gesetz keine Sanktionen vor. „Nach wie vor bleiben die Einstellungs- und Aufstiegsdiskriminierungen folgenlos: Den benachteiligten Frauen wird nur ein einklagbarer Schadenersatzanspruch in Höhe des tatsächlichen Vertrauensschadens garantiert, der das ökonomische Interesse an der geschlechtsspezifischen Diskriminierung kaum berührt. Ansatzweise wird hinter die herrschende Rechtsauffassung zurückgewichen, da positive Entwicklungslinien in Schrifttum und Rechtsprechung unberücksichtigt bleiben. Die Befürchtung scheint gerechtfertigt, daß diese Rechtsnormen ‚den Arbeitnehmern eine Verbesserung ihrer sozialen Situation lediglich vorspiegeln, in Wirklichkeit aber den bestehenden Rechtszustand zu ihrem Nachteil ändern'."[5]

Die kurz dargestellten gesetzgeberischen Maßnahmen und Vorschläge verstärken eher die geschlechtsspezifische Arbeitsteilung und die Benachteiligung der Frauen.

3. Familienhausfrau oder Vereinbarkeit von Familie und Beruf für Mann und Frau? Der Zusammenhang von Familienleitbildern, Forderungen an die Erwerbsarbeitsstruktur und die Aufgaben sozialer Dienste

In dieselbe Richtung weisen Bestrebungen, kulturelle Normen und soziale Phantasien wieder zu beleben, die ein Leitbild der Familienhausfrau und die Wahlfreiheit der Frauen zwischen Erwerbs- und Hausarbeit fordern. Als exemplarisch für diese Tendenzen können die Ausführungen im Dritten Familienbericht der Bundesregierung angesehen werden, der 1979 von einer Sachverständigenkommission angefertigt wurde. Die zentralen Aussagen lauten:

- die Einführung der Familienhausfrau als ‚normale' Rolle für die Frau
- die Forderung nach einem Erziehungsgeld
- die Verknüpfung der Familienpolitik mit der Bevölkerungspolitik

- die Forderung nach einem Nullwachstum, d. h. Zunahme der Geburtenhäufigkeit
- eine Vorstellung vom Einzelmenschen, die diesen lebenslang als Familienmitglied definiert
- damit verknüpft die Forderung nach mehr Opferbereitschaft, lebenslanger Fürsorge und finanzieller Abhängigkeit der Familienmitglieder voneinander
- extensive Auslegung bzw. Ausweitung des Elternrechts in Hinblick auf den Bildungsgang ihrer Kinder, Inhalte des Lernens, Schullaufbahn, Berufswahl der Jugendlichen als Aufgabe und Recht der Eltern
- Kritik an der Undurchschaubarkeit der Bildungswege und der ‚Ausdünnung' der Familienaufgaben durch staatliche Eingriffe (Krippen, Kindergärten, Horte, Ganztagsschulen, Heime, Entscheidungen der Schule über den Bildungsweg der Kinder, praktische und ideologische Förderung der Frauenerwerbstätigkeit durch den Staat)
- Kritik an den Konsumnormen der Wohlstandsgesellschaft, die Familien unter Leistungsdruck setzen
- Kritik an der Überantwortung von Kindern, alten und kranken Menschen an soziale Einrichtungen
- Forderung hingegen nach Beratungs- und Unterstützungsdiensten, insbesondere für die Haushaltsführung und die Verbraucher
- die Forderung an den Gesetzgeber, die freie Wahl zwischen einem Leben als Familienhausfrau oder erwerbstätiger Frau mit und ohne Kinder zu ermöglichen.[6]

Während die Arbeitsmarktforscher die Alternativrolle Nur-Hausfrau als eine zweitbeste, zeitweilige Alternative gegenüber der Erwerbsarbeit diskutieren, wird den Frauen von den Sachverständigen und gesellschaftlich wichtigen Gruppen die Familienhausfrau als die eigentlich wesensgemäße Rolle zugeschrieben, die gegenüber der weiblichen Erwerbsarbeit als die bessere Lösung für die Familie und die Gesellschaft dargestellt wird. Frauen sollen in einer auf Konkurrenz und Karriere orientierten Gesellschaft Opferbereitschaft, Verzicht und Aufgehen in den Pflichten und Sorgen für die Familienangehörigen üben ohne eine eigenständige soziale Sicherung, ohne eigenes Einkommen und ohne eine Garantie auf eine Rückkehr ins Erwerbsleben. Familie auf der einen Seite und Erwerbsarbeit und Berufswelt, politisches und öffentliches Leben auf der anderen Seite werden hier als Gegenwelten begriffen, in denen unvereinbare Werte und Handlungsmuster herrschen.

Es wird oft übersehen, daß die im Konzept der Wahlfreiheit begründeten Anforderungen an die Rollenbilder Familienhausfrau und erwerbstätige Frau und Mutter unterschiedliche Erwartungen an Frauen und Männer und an die Maßnahmen der Familien-, Arbeitsmarkt-, Renten- und Bildungspolitik richten:

Die Familienhausfrau hat nur dann als Perspektive für die Frau und als Leitbild für die Familien-, Arbeitsmarkt- und Sozialpolitik ihre Berechtigung und Dynamik, wenn sie eine Vollzeitbeschäftigung ist. Folgerichtig hat die Sachverständigenkommission zahlreiche Anforderungen und Aufgaben, die aus dem Lebenszusammenhang der Menschen erwachsen, insbesonde e Kindererziehung, emotionale und haushälterische Versorgung des Ehepartners, Betreuung von alten und kranken Familienangehörigen als von Grund auf familiale Aufgaben definiert, die die Familienhausfrau erfordern, um angemessen und menschlich zuverlässig erfüllt werden zu können. Rollenflexibilität zwischen Mann und Frau ist in diesem Konzept nicht erwünscht, sie ist dysfunktional. Desgleichen wird eine gegenseitige Durchdringung und Rücksichtnahme der Anforderungen der Erwerbsarbeit und der Hausarbeit abgelehnt; auch sie ist dysfunktional. Entsprechendes gilt für die Entlastung von diesen Aufgaben durch öffentliche Einrichtungen.

Umgekehrt ist die erwerbstätige Frau und Mutter darauf angewiesen, von vielen Anforderungen, die aus dem Zusammenleben von Menschen erwachsen, durch freiwillige Zusammenschlüsse entlastet zu werden – wie beispielsweise Eltern-Kind-Gruppen, die aus Steuergeldern unterstützt werden – oder durch funktionierende öffentliche Einrichtungen. Sie muß daran interessiert sein, daß die Aufgaben als gesamtgesellschaftliche Aufgaben definiert werden und nicht in der Verantwortung der Familie belassen bleiben. Eine möglichst vollständige Rollenflexibilität zwischen Mann und Frau ist für sie von Vorteil. Zur Verbesserung ihrer Situation ist notwendig, daß die kulturellen Normen und gesetzliche Maßnahmen dahin wirken, daß Mann und Frau gemeinsam und partnerschaftlich Familien- und Berufsaufgaben bewältigen. Ihr politisches Engagement wird darauf zielen, daß in der Erwerbsarbeit Anforderungen der Hausarbeit und der Familienaufgaben anerkannt werden durch geeignete Arbeitsorganisation, zeitweilige Freistellung etc. Das Konzept der Familienhausfrau vermittelt den Eindruck, daß die partnerschaftliche Bewältigung von Familien- und Berufsaufgaben zwischen Mann und Frau nicht förderlich sei, sondern eine rigide geschlechtsspezifische Rollenzuweisung adäquater ist. In der Wirklichkeit steht dem allerdings das zunehmende Interesse von Müttern und Ehefrauen an Erwerbsarbeit gegenüber. Zum anderen vermittelt das Konzept der Familienhausfrau den Eindruck, daß soziale Dienste eingespart und psychische Leiden verhindert werden können, weil durch die Arbeit der Familienhausfrau – und nun zitiere ich aus einer Broschüre der CDU zum Erziehungsgeld

„– die notwendige Unterhaltung von Kinderkrippen und deren weiterer Ausbau überflüssig gemacht wird
– die ständige Betreuung des Kindes in der Familie Entwicklungsstörungen verhindert, deren negative Spätfolgen nur mit unverhältnismäßig großem Aufwand bekämpft werden können (Alkoholgenuß, Drogenmißbrauch, Jugendkriminalität, Verhaltensstörungen)
– und die zu erwartende Arbeitsmarktentlastung zu erheblichen Einsparungen nach dem Arbeitsförderungsgesetz führt.“[7]

Die Schilderung des Gegensatzes Familienwelt und Erwerbsarbeitswelt – wie sie im Dritten Familienbericht und in konservativ-klerikalen Veröffentlichungen zu finden sind – soll bei den Frauen eine Abwehr gegen die ja tatsächlich vielfältig bürokratisierten, taylorisierten, hierarchischen und als sinnentleert empfundenen Formen der Erwerbsarbeit mobilisieren. Es wird ein Bild gezeichnet, das den Eindruck erweckt, als könne in den Familien im Gegensatz zur Erwerbswelt Freiheit, Authentizität, Geborgenheit, Sinnhaftigkeit und Vertrauen auf Dauer erfahren werden. So wünschenswert dies ist, so wenig beschreibt andererseits dieses harmonistische Bild die Realität zutreffend. Die zunehmende Scheidungshäufigkeit und die Erkenntnisse über die Gewalt gegen Kinder und Frauen in der Familie zeigen deutlich, daß die Familie zumeist keine heile und heilende Insel innerhalb dieser Gesellschaft ist.

4. Flexibilisierung der Geschlechterrollen oder Zuweisung klar umschriebener Geschlechterrollen? Welches Konzept trägt mehr zur psychischen Stabilität bei?

Ein anderer Einwand gegen die Aufhebung der geschlechtsspezifischen Arbeitsteilung wird von dem Soziologen Roland Eckert formuliert.[8] Er weist darauf hin, daß klar umschriebene Geschlechtsrollen, die durch Erziehung und Konvention erworben und stabilisiert werden und die dann als quasi naturrechtliche Regeln in Anspruch genommen werden können, psychisch entlastend auf Individuen wirken. Denn auf diese Weise werden Unsicherheiten und Risiken, die mit unklaren Rollenanforderungen verbunden sind, vermieden.

Er nimmt darum an, daß sich die geschlechtsspezifische Arbeitsteilung in der Mehrzahl der Familien fortsetzen wird, obgleich diese Arbeitsteilung und die daraus entstandenen Geschlechtsrollen von den Erfordernissen der Frühsozialisation nicht mehr erzwungen werden, weil es eine öffentliche Gesundheitsfürsorge und ein gutes Angebot an Lebensmitteln für Säuglinge und kleine Kinder durch den Handel gibt. Im Gegensatz zu Roland Eckert bin ich der Auffassung, daß die psychische Entlastung durch die Übernahme tradierter polarer Geschlechtsrollen für Männer und Frauen geringer ist als die psychischen Kosten, die die Erfüllung dieser Rollen erfordert.

Für Frauen sind die Rollenzuweisungen in den letzten Jahrzehnten diffus und widersprüchlich geworden in Hinblick auf ihre Zuordnung zu Haus- und/oder Erwerbsarbeit. Je nach Wirtschaftskonjunktur und Arbeitskräftebedarf, je nachdem, ob ein konservativ-klerikales oder ein sozialliberales Konzept die Politik bestimmt, wird für die Frauen die Familienhausfrau oder die partnerschaftliche Vereinbarkeit von Familie und Beruf propagiert. Beide Rollenvorstellungen sind vom Patriarchat bestimmt. Die sozial-liberalen Vorstellungen entsprechen den Interessen der Frauen wahrscheinlich mehr. Dies zeigt die zunehmende Frauenerwerbstätigkeit. Aber auch diese Vorstellung definiert die

Frauen von der Lebenswelt des Mannes her, sie erscheinen benachteiligt und defizitär gegenüber den Männern in Hinblick auf Ausbildungs- und Berufschancen. Männer definieren in Verwaltung, Politik, in den Medien, als Vorgesetzte am Arbeitsplatz, als Wissenschaftler und last not least in der Ehe die Rollen, Bedürfnisse und Handlungsspielräume von Frauen. Gegen diese jahrhundertealte Enteignung der weiblichen Identität ist die neue Frauenbewegung aufgestanden. Frauen wollen sich miteinander ihre entfremdete Identität aneignen, sie wollen selbst definieren, was weiblich und fraulich ist. Sicherlich verunsichert die Überwindung männlicher Bevormundung und die Entwicklung eigener Vorstellungen zu Kindern, Partnerschaft und Erwerbsarbeit. Dieser Suchprozeß bringt neben Befreiendem auch Unbehagen und Belastungen für beide Geschlechter mit sich. Für die Frauen bedeutet die Aneignung ihrer Identität aber einen Fortschritt, denn sie werden mutiger, selbstbewußter und kreativer in der Wahrnehmung ihrer Interessen und Bedürfnisse.

Die derzeitige geschlechtsspezifische Rollenzuweisung engt aber auch die Männer in ihren Ausdrucksmöglichkeiten erheblich ein. Von ihnen erwarten die Hüter der geschlechtsspezifischen Arbeitsteilung, daß sie sich stets als aktive, rationale, dynamische, erfolgsbetonte Berufsmenschen verhalten; passive Wünsche nach Zartlichkeit und Aufhebung des Leistungsdrucks, Ängste und Unsicherheiten dürfen nach diesem Identitätsmuster nicht artikuliert und ausgelebt werden. Tut es ein Mann trotzdem, wird er vielfach als unmännlich und weibisch verspottet. ‚Männer weinen nicht'. Männer, die sich fürsorglich um Kinder, alte und kranke Menschen kümmern, werden durchweg als Männer nicht ernstgenommen.

Langfristig wird wahrscheinlich eine Abkehr von der Geschlechtsrollenpolarisierung, die sich an dem Gegensatzpaar aktiv-passiv festmacht, beiden Geschlechtern zu einer befriedigenderen Lebensweise verhelfen.

5. Perspektiven für Mädchen und junge Frauen

Wie sehen vor dem Hintergrund der hier skizzierten widersprüchlichen Entwicklungen die Perspektiven für Mädchen und junge Frauen aus? Nach meinem Eindruck ist die Perspektive sehr unklar, denn auf der einen Seite läßt sich aus den Statistiken und wissenschaftlichen Untersuchungen eine zunehmende Berufsorientierung, insbesondere auch von Frauen mit Kindern, feststellen; auf der anderen Seite ist bekannt, daß Frauen von der Arbeitslosigkeit und Rationalisierungsmaßnahmen weitaus härter betroffen sind als Männer. Welches familiäre Leitbild setzt sich in den achtziger Jahren durch? Gewinnt das Konzept der Familienhausfrau die Oberhand oder setzt sich die Vereinbarkeit von Familie und Beruf weiter durch? Es hängt nicht nur von dem Willen einzelner Individuen ab, welches Leitbild verstärkt verwirklicht wird, sondern vorrangig bestimmen die sozio-ökonomischen Bedingungen, Strategien zur Bewältigung der Arbeitslosigkeit, das Angebot an sozialen Diensten und familienergänzenden Maßnahmen die Realisierung wie die vorherrschenden kulturellen Normen und Problemlösungsmuster.

Worauf können und müssen sich junge Frauen und Mädchen einrichten? Wogegen müssen sie sich wehren?

II. Strategien zur Bewältigung der Wirtschaftskrise und Abbau von sozialstaatlichen Maßnahmen

Zur Klärung der im vorangegangenen Kapitel gestellten Fragen zu dem Familienleitbild der achtziger Jahre – Familienhausfrau oder Vereinbarkeit von Familie und Beruf für Mann und Frau – ist festzustellen, daß sich die Bildungschancen und die Teilnahmemöglichkeiten der weiblichen Bevölkerung am Erwerbsleben in den letzten zwanzig Jahren erheblich gebessert haben; aber als Nachfragerinnen von Ausbildungsplätzen und von qualifizierten Berufspositionen sind Mädchen und Frauen noch immer stärker benachteiligt. Verschiedene Formen von Arbeitszeitverkürzung werden diskutiert und gefordert. Aber familienfreundliche Fortschritte sind in den letzten Jahren kaum zu verzeichnen. Ausreichende Angebote von Wohlfahrtsverbänden und von seiten des Staates, die Familien von Aufgaben der Kinderbetreuung zu entlasten und bei der Erziehung zu unterstützen, fehlen immer noch in großem Maße. Für eine familienunabhängige Versorgung und Pflege alter und kranker Menschen wird der Bedarf immer deutlicher sichtbar und öffentlich diskutiert; aber es fehlen preiswerte Einrichtungen, die den Bedürfnissen kranker und alter Menschen entsprechen.

Wenn Mädchen und junge Frauen also als Lebensperspektive eine Vereinbarkeit von Familie und Beruf anstreben, so sind noch große sozialstaatliche Anstrengungen notwendig, um die Voraussetzungen zu schaffen, damit die Perspektive verwirklicht werden kann.

Wie sehen die derzeitigen Bedingungen für eine Frauenförderungspolitik aus?

1. Strukturelle Arbeitslosigkeit und lang andauernde Wirtschaftskrise. Annahmen über Ursachen und Bewältigungsstrategien.

Betrachtet man die Bevölkerungsentwicklung und den Arbeitsmarkt, so ist festzustellen, daß immer noch die geburtenstarken Jahrgänge aus der Schule auf den Arbeitsmarkt und ins Erwerbsleben drängen. Gegenläufig zu dieser Tendenz sind eine zu geringe Zahl an Ausbildungs- und Erwerbsarbeitsplätzen. Nach den Prognosen werden die Ausbildungs- und Erwerbsarbeitsplätze eher noch weiter zurückgehen, während das Erwerbspersonenpotential noch ansteigt.

Es ist also mit einer langfristig hohen Arbeitslosigkeit zu rechnen, von der insbesondere schlecht ausgebildete Arbeitssuchende, junge Menschen, ältere Arbeitnehmer und Behinderte betroffen sind. Zahlenmäßig am stärksten von der Arbeitslosigkeit betroffen sind die Frauen. In dieser Gruppe sind insbesondere die jungen Frauen die Leidtragenden. In jüngster Zeit zeigt sich, daß auch die Kerngruppe des Arbeitsmarktes, die Männer zwischen 25 und 50 Jahren in Facharbeiter- und Angestelltenpositionen, zunehmend arbeitslos sind oder von Arbeitslosigkeit bedroht werden.[9]

Von Wissenschaftlern, Politikern, Gewerkschaftern und Arbeitgebern wird durchweg angenommen, daß es sich um strukturelle Arbeitslosigkeit und eine langdauernde Wirtschaftskrise handelt.

„Hinter ‚strukturell' verbergen sich allerdings recht unterschiedliche Vorstellungen. Die eine Richtung – repräsentiert etwa durch den Sachverständigenrat – denkt dabei hauptsächlich an zu hohe Löhne, zu hohe Steuern- und Abgabenbelastung der Unternehmen. Energieverteuerung, zunehmende Erwerbsbevölkerung, unzureichendes Angebot an langfristigem Risikokapital, mobilitätshemmende Sozialgesetze, sowie politische und administrative Hemmnisse für Investitionen und Innovationen."[10]

Aus dieser Analyse folgt dann durchweg die Forderung nach einer Politik der Konsumbeschränkung, der Kostenentlastung der Unternehmen und des Abbaus staatlicher Beeinflussung und Reglementierung des Wirtschaftsprozesses.

„Vertreter der anderen Richtung denken bei Strukturproblemen vorwiegend an Konsumsättigung, zunehmende Automatisierung der Produktion, zunehmende Umweltbelastung und Erschöpfung natürlicher Ressourcen."[11] Die Empfehlungen dieser Richtung sind nicht auf ein weiteres Wachstum des Produktionspotentials ausgerichtet. „Hier stehen Arbeitszeitverkürzung und eine Umstrukturierung des Produktionspotentials in Richtung auf mehr arbeitsintensive, energiesparendere und umweltfreundliche Produktionen im Vordergrund."[12]

In der Diskussion vorherrschend sind die Vertreter der ersten Gruppe. Insbesondere Lohnkürzungen, verstärkte Lohndifferenzierung nach Branchen und Qualifikationen, eine Pause bei Nominallohnerhöhungen sind zentrale Forderungen, um die Arbeitslosigkeit und die Wirtschaftskrise zu überwinden.[13]

Ein anderer wesentlicher Schwerpunkt ist die Forderung, Sozialgesetze abzubauen, das soziale Netz weitmaschiger zu machen und den Staatseinfluß auf die Wirtschaft und die Gestaltung der Lebensverhältnisse abzubauen. So wird gefordert, die Ausgaben zu verringern und nicht die Abgaben zu erhöhen, um eine Stabilisierung der Staatsfinanzen zu erreichen. Einkommensersatzleistungen sollen leistungsbezogen gewährt werden, Karenztage im Krankheitsfalle sind einzuführen und das Arbeitslosengeld soll auf 60 % des Nettolohnes gekürzt werden.[14]

Hinter diesen Vorschlägen steht u.a. die Vorstellung, daß die Bereitschaft zur Eigenvorsorge und der Mut zur Eigenleistung verstärkt werden muß.

Unwillen über das ‚Soziale Füllhorn' wurde auch vor einem Kreis renommierter Juristen bei den ‚Bitburger Gesprächen' deutlich artikuliert. Die Kritik reichte von der Ablehnung, den Schwangerschaftsabbruch in die Sozialversicherung miteinzubeziehen bis zur Ablehnung des Unfallversicherungsschutzes für

Nachbarschaftshilfe und Eigenarbeit, die unter dem Begriff Schwarzarbeit gefaßt wurden.

Unter Zustimmung der Zuhörer wurde von einem Vortragenden das Netz der sozialen Sicherung als Netz der Egalisierung abqualifiziert, in dem die Bürger ‚gleichgeschnürt' würden.

„Diese Entwicklung könne man als ‚schleichende Gleichheitsrevolution' bezeichnen, mit der unser Jahrhundert in die Geschichte eingehen werde." Folgerichtig wurde von einem anderen Professor gefordert, „bei den Bürgern ein anderes Sozialverständnis zu schaffen."[15]

Auch von Arbeitnehmerseite wird die Sozialpolitik der siebziger Jahre und die damit verbundenen Wertvorstellungen von sozialer Gerechtigkeit und staatlicher Fürsorge angegriffen. So z.B. von dem Vorsitzenden der CDU-Sozialausschüsse Norbert Blüm. Er schlägt vor, die Sozialpolitik auf Prinzipien zu bauen, die schon immer die Grundlage christlich-sozialer Sozialpolitik waren, nämlich Hilfe zur Selbsthilfe als Alternative zu einer betreuenden Vormundschaft des Staates.

„Die Sozialpolitik müsse ‚entstaatlicht' werden, daß Subsidiarität, Eigenverantwortung, Familie und Nachbarschaftshilfe wieder zur Geltung kommen können; damit sei auch der Mißbrauch der Sozialsysteme zu bekämpfen."[16]

Blüm artikuliert auch die weit verbreitete Tendenz, Professionalisierung und Expertentum im sozialen und pädagogischen Bereich zu kritisieren. Er setzt dem Expertentum die Selbständigkeit des Individuums entgegen:

„Ich nenne noch ein weiteres Prinzip der christlich-sozialen Sozialpolitik: Selbständigkeit. Das gilt nicht nur für die Unternehmer: es gilt für alle. Ich denke, daß diese Selbständigkeit heute mehr denn je durch Experten bedroht wird. Es gibt so gut wie keine Lebensfrage, für die wir nicht einen Fachmann haben. Der gesunde Menschenverstand traut sich nichts mehr zu. Es geht auch um die Rehabilitation des gesunden Menschenverstandes. Eine Mutter, die nicht drei Erziehungsberater gefragt hat, getraut sich heute kaum noch, ihr Kind zu erziehen. Die zwanzigjährige Sozialarbeiterin erklärt der dreißigjährigen Mutter mit fünf Kindern, wie sie ihr sechstes erziehen soll. Das ist eine Expertokratie, die die Menschen verunsichert."[17]

Auf dem Hintergrund der hier skizzierten Vorschläge zur Überwindung der Arbeitslosigkeit und der Wirtschaftskrise ist nun zu fragen, welche Vorstellungen sich bisher in den Maßnahmen des Staates durchgesetzt haben und wie sie auf die Lebenssituation von Mädchen und Frauen wirken.

2. Novellierung des Arbeitsförderungsgesetzes

Eine wesentliche Veränderung in der Sozialpolitik stellt die Novellierung des Arbeitsförderungsgesetzes dar, das jetzt den Namen ‚Arbeitsförderungskonsolidierungsgesetz' (AFKG) trägt.

Beim AFKG geht es hauptsächlich um die Konsolidierung der Finanzen der Bundesanstalt für Arbeit (BA) und zwar mit dem Ziel, den jährlichen Zuschußbedarf des Haushaltes der Bundesanstalt für Arbeit aus Steuermitteln so weit wie möglich zu senken. Damit will man die Kreditaufnahme des Bundes in Grenzen halten. Bestimmte Leistungen sollen an die derzeitige Finanzsituation angepaßt werden. Dabei handelt es sich besonders um die Überstundenaufrechnung beim Kurzarbeitergeld, das Arbeitslosengeld für Arbeitslose, die älter als 59 Jahre sind und um den Ausschluß von öffentlich-rechtlichen ABM-Trägern. Im übrigen sollen sich die Maßnahmen nach dem AFKG nur noch auf arbeitslose Arbeitnehmer und auf von Arbeitslosigkeit unmittelbar bedrohte Arbeitnehmer konzentrieren. Die Höhe der Lohnersatzleistungen ist bei der beruflichen Bildung und Rehabilitation gesenkt worden. Die Anwartschaft für den Bezug von Arbeitslosengeld hat der Gesetzgeber verlängert. Um den Leistungsmißbrauch ‚einzuschränken' bzw. zu ‚bekämpfen', sind verschiedene Bestimmungen verändert worden: z. B. über den Nebenverdienst, Sperrzeiten, Zumutbarkeit einer angebotenen Arbeit und über die verschärfte Ahndung von Meldeversäumnissen. In den Vorschriften – insbesondere bei der beruflichen Bildungsförderung und der beruflichen Rehabilitation – wird wiederholt darauf hingewiesen, daß die Maßnahmen wirtschaftlich und sparsam durchgeführt werden sollen.

Wie wirken sich nun diese Novellierungen des Arbeitsförderungsgesetzes auf die Erwerbschancen von Frauen aus? So wie die Paragraphen eingeführt sind, erscheinen sie geschlechtsneutral. Erst vor dem Hintergrund der geschlechtsspezifischen Arbeitsteilung in unserer Gesellschaft werden die unterschiedlichen Auswirkungen auf Männer und Frauen sichtbar. Zur weiteren Klärung stütze ich mich im folgenden weitgehend auf eine Analyse des neuen Gesetzes unter frauenpolitischen Gesichtspunkten, die von Ute Gerhard und Rainer Metz angefertigt wurde:[18]

Ins Auge springt bei den Novellierungsmaßnahmen, daß der Kreis der Anspruchsberechtigten erheblich eingeschränkt wird. Arbeitsförderungsmaßnahmen werden wesentlich auf die Arbeitslosen beschränkt, die ausreichend beitragspflichtige Beschäftigungszeiten nachweisen können. Hierdurch kommt es zum gezielten Ausschluß von Wenig- oder Nicht-Beitragszahlern. Mit dem neuen Gesetz werden also gerade die Gruppen an den Rand des Arbeitsmarktes und hinaus gedrängt, denen u.a. die bisherige aktive Arbeitsmarktpolitik galt und die in den Zielsetzungen des AFG und jetzt des AFKG ausdrücklich genannt werden: Jugendliche Behinderte, ältere Arbeitnehmer und Frauen. In ihren Lebenschancen besonders hart betroffen von der Gesetzesnovellierung sind Mädchen und junge Mütter, die weder einen Ausbildungs- noch einen Erwerbsarbeitsplatz finden können.

Die massiven Einsparungen beim *Unterhaltsgeld für Fortbildung und Umschulungsmaßnahmen* von bisher 80 auf 60 Prozent des letzten Nettolohns bei Ledigen und 75 Prozent bei Arbeitnehmern mit Familienpflichten verstärken die Gefahr, daß Frauen es sich immer weniger leisten können, diese Angebote zur Erhaltung und Verbesserung ihrer beruflichen Qualifikation wahrzunehmen. Denn die Frauen kommen mit diesen Leistungen bald unter das Existenzminimum. Zum einen liegen die durchschnittlichen Frauenlöhne ohnehin rund ein Drittel unter denen der Männer, zum anderen ist der letzte Nettolohn für junge Frauen und Mütter meistens sehr niedrig gewesen, da sie Berufsanfängerinnen waren oder sind. Darüberhinaus werden nun auch die Frauen aus der Förderung hinausfallen, deren berufliche Ausbildung bisher lediglich als zweckmäßig anerkannt wurde. Aber auch die arbeitsmarktpolitisch notwendigen Maßnahmen werden in Zukunft bei Frauen nicht mehr gefördert, wenn sie vorher nicht Beitragszahler waren.

„D. h. bisher war es wenigstens für Hausfrauen, die aufgrund persönlich veränderter Verhältnisse, z. B. nach einer Scheidung gezwungen waren, eine Beschäftigung aufzunehmen, möglich, ein Unterhaltsgeld für eine berufliche Fortbildung zu erhalten.

Auch die Anerkennung von Hausfrauenjahren als gleichwertig mit Berufsjahren, die in diesem Zusammenhang von der Rechtsprechung und Kommentierung als Rechtsfortschritt durchgesetzt war, wird damit hinfällig.“[19]

Die Vereinbarkeit von Familie und Beruf und Flexibilität zwischen Haus- und Erwerbsarbeit für Frauen wird durch diese Einschränkungen wieder erheblich abgebaut.

Durch die Einsparungen beim *Arbeitslosengeld* sollen 1982 637 Mio DM eingespart werden. Entgegen ursprünglichen Überlegungen werden die Einsparungen nicht durch die Kürzung der Bezüge, sondern durch die Einschränkung des Kreises der Berechtigten hereingeholt. Wer in Zukunft weniger als zwölf Monate (bisher sechs Monate) Beiträge zur Arbeitslosenversicherung entrichtet hat, zahlt zwar Beiträge, hat aber dennoch keinen Anspruch auf Arbeitslosengeld.

„Bei 190.000 Arbeitsvermittlungen von Frauen in Beschäftigungsverhältnisse mit weniger als drei Monaten Dauer (von 540.000 Arbeitsvermittlungen für Frauen insgesamt), wird nun eine noch größere Gruppe von Frauen zwar Beiträge zur Arbeitslosenversicherung zahlen dürfen, ohne jedoch Ansprüche auf Leistungen zu erwerben.“[19]

Bei der *Arbeitslosenhilfe* ist für 1982 das Sparziel 470 Mio DM. Der ursprünglich geplante Wegfall der originären Arbeitslosenhilfe, d. h. Arbeitslosenhilfe ohne vorherigen Bezug von Arbeitslosengeld, ist am Einspruch der Länder gescheitert, die in all diesen Fällen mit verstärkten Kosten der Sozialhilfe rechnen müssen. Deshalb wurde im Vermittlungsverfahren nur die für den Bezug von Arbeitslosenhilfe notwendigen Beschäftigungszeit von 70 auf 150 Tage erhöht. Bereits bisher schnitten die Frauen bei Arbeitslosenhilfe schlechter ab, weil Arbeitslosenhilfe nur bei Bedürftigkeit gezahlt wird. In jedem Fall wird dabei das Einkommen des Ehegatten oder anderer Angehöriger angerechnet. Das hatte zur Folge, daß z. B. 1979 fast genauso viele Männer wie Frauen Arbeitslosengeld erhielten, jedoch bei der Arbeitslosenhilfe 93.000 männlichen Leistungsempfängern nur noch rund 40.000 Frauen gegenüberstanden.

Wegen der Erhöhung der für das Arbeitslosengeld und -hilfe notwendigen Versicherungszeit ist vorauszusehen, daß viele Frauen zu bloßen Beitragszahlern werden, ohne in den Genuß des Versicherungsschutzes zu kommen. Das gilt vor allem für die vielen nur kurzfristig beschäftigten Frauen, die von den Firmen im Saisonbetrieb verschlissen werden, immer nur als Aushilfen angeheuert werden und selten in den Genuß von Urlaubs- und Weihnachtsgeldern oder Gehaltsverbesserungen kommen.

Durch den Abbau von *Arbeitsbeschaffungsmaßnahmen* sollen in diesm Jahr 300 Mio DM eingespart werden. Künftig wird es keine Arbeitsbeschaffungsmaßnahmen mehr geben, die vom Bund, von den Ländern und Gemeinden oder anderen Arbeitgebern des öffentlichen Rechts durchgeführt werden. Darunter fallen Büro- und Verwaltungsaufarbeiten der öffentlichen Hand, aber auch Tätigkeiten in allen sozialen Diensten bei den Kommunalverwaltungen. Da bisher zum Teil 70 bis 90 Prozent aller in Arbeitsbeschaffungsmaßnahmen geförderten Frauen bei öffentlichen Arbeitgebern beschäftigt waren, trifft die Kürzung vor allem Frauen. Darüberhinaus sollen in Bezirken mit ‚guter Beschäftigungslage' auch alle Arbeitsbeschaffungsmaßnahmen privater Träger nicht mehr aus den Mitteln der Bundesanstalt für Arbeit finanziert werden. ‚Gute Beschäftigungslage' bedeutet nicht Vollbeschäftigung, sondern lediglich durchschnittliche Arbeitslosigkeit. Auch in ‚durchschnittlichen' Arbeitsamtsregionen gibt es besonders benachteiligte Arbeitnehmergruppen, z. B. Frauen, die von hoher und langandauernder Arbeitslosigkeit betroffen sind und deren Eingliederung erfahrungsgemäß über ABM erleichtert werden könnte.

Die ABM-Maßnahmen werden begrenzt auf Teilnehmer, die vorher mindestens sechs Monate arbeitslos gemeldet waren und die für die Zeit vor der Zuweisung Anspruch auf Arbeitslosengeld oder -hilfe hatten, d. h. die dem Arbeitsmarkt zur Verfügung stehen. Diese Kriterien schließen insbesondere Berufsanfängerinnen und Frauen und junge Mütter aus, die ins Berufsleben volltags oder halbtags zurückkehren wollen.

Eine Reportage über den Arbeitsamtsbezirk Gelsenkirchen zeigt beispielhaft auf, was die Einsparungen bei ABM und die Veränderung der Förderungsbedingungen konkret vor Ort und für Jugendliche bewirken. Gelsenkirchen hat 9 % Arbeitslose, ohne das ABM-Programm alten Stils hätte die Stadt ein ganzes Prozent mehr Arbeitslose. Mit Hilfe von ABM versucht die Stadt u. a. in dem Modellprojekt ‚Lernen und Arbeiten' arbeitslose Jugendliche mit Hilfe dieser Maßnahme und der Volkshochschule weiterzubilden. Es ist sicher, daß das Modellprojekt nicht weitergeführt werden kann, wenn die Finanzmittel der Bundesanstalt für Arbeit ausbleiben. Dies ist aber zu befürchten, denn das Projekt wird im öffentlichen Dienst durchgeführt und die meisten Jugendlichen erfüllen die neuen Voraussetzungen nicht, da sie vor Beginn der Maßnahme nicht Empfänger von Arbeitslosengeld oder -hilfe nach den neuen Bestimmungen gewesen wären.

„In Gelsenkirchen arbeiten neunzig Prozent der ABM-Beschäftigten bei der Stadt, und die Jugendlichen von ‚Lernen und Arbeiten' sind auch ganz auf den Good-Will des öffentlichen Arbeitgebers angewiesen. Nicht nur, daß der morgendliche Teilzeitjob für die Jugendlichen die finanzielle Grundlage ist, um nachmittags für den Hauptschulabschluß zu büffeln. Der öffentliche Dienst läßt vieles durchgehen, worüber private Arbeitgeber nur den Kopf schütteln würden. Die Kursteilnehmer tun sich schwer, das von ihnen verlangte zu leisten, angefangen beim pünktlichen Erscheinen. Die Teilnehmer brauchen über Job und Schule hinaus viel Zuwendung, damit sie nicht die Flinte ins Korn werfen. So ist ein Sozialarbeiter darum bemüht, alle Leute bei der Stange zu halten.

Das scheint zu gelingen. Von den achtzehn Teilnehmern der ersten Maßnahme haben sechzehn Teilnehmer den Hauptschulabschluß erreicht. Die Arbeitsvermittler gehen davon aus, daß mindestens die Hälfte der unqualifizierten Jugendlichen, die nicht einmal als Bewerber für eine Ausbildungsstelle statistisch auftauchen, auf dem Arbeitsmarkt doch eine Chance haben.

Die 21jährige Cornelia zum Beispiel. Als sie sechs war, starb ihre Mutter. Bei Verwandten aufgewachsen, blieb sie zweimal sitzen und kam auf die Sonderschule. Ehe sie arbeitslos wurde, hat sie am Fließband Heißluftgeräte zusammengesetzt. Verdienst 1800 Mark brutto. Seit Oktober gibt sie im Zuge des ABM-Projektes Essen aus im Städtischen Altersheim. Zusammen mit dem halben Bafög-Schülersatz muß sie jetzt mit 700 DM netto auskommen. Dafür versucht sie aber, nachmittags ihren Hauptschlußabschluß nachzuholen. Ob es ihr gelingt, ist fraglich. Denn wenn sie abends nach Hause kommt, wollen Vater und behinderte Schwester versorgt sein. Gelsenkirchens Arbeitsamtschef Albert Demtröder hat ‚einen Mordsrespekt vor jedem Jugendlichen, der in dieser Situation nicht dem Alkohol oder den Drogen verfällt.' Er weiß aus dem Projekt, daß Cornelia kein Einzelfall ist: 14 Sonderschüler, 15 Hauptschüler und ein Ausländer ohne Abschluß wurden dort bis jetzt gefördert. Vierzehn von ihnen sind jünger als achtzehn Jahre – kein Alter also, in dem man sich schon Anspruch auf Unterstützung erarbeitet haben kann.

Stirbt das Projekt ‚Lernen und Arbeiten', sind diese Jugendlichen wieder ohne Hoffnung. Nicht einmal Arbeitslosenhilfe können sie dann erwarten. Ihren Platz werden wieder Leute einnehmen, die sich ihren Anspruch auf ‚ABM' verdient haben. Selbst für eine Umschulung kommen sie nicht in Frage. Wo sollen sie die dreijährige Beschäftigung hernehmen, die auch hier Eingangsvoraussetzung ist? Nirgendwo also das soziale Netz, das sie auffängt."

3. Finanzlage der Kommunen – Abbau der sozialen Infrastruktur

Die Einschränkung von Arbeitsförderungsmaßnahmen und die spürbare Eingrenzung des Personenkreises, der berechtigt ist, Arbeitslosengeld und Arbeitslosenhilfe zu erhalten, hat gravierende Auswirkungen auf die Zahl der Sozialhilfeempfänger. Schon heute sind ein Fünftel aller Sozialhilfeempfänger Arbeitslose, „bei denen Arbeitslosengeld bzw. Arbeitslosenhilfe unter dem Existenzminimum liegen oder nicht mehr gewährt werden."[21] Diese Gruppe dürfte durch die hier skizzierten Änderungen des Arbeitsförderungsgesetzes (Wegfall der originären Arbeitslosenhilfe, längere Sperrzeiten, Arbeitslosengeld erst nach 10 Monaten) erheblichen Zulauf erhalten.

„Die Gemeinden und Landkreise müssen gegenwärtig mit zweistelligen Steigerungsraten bei den Sozialhilfekosten fertig werden. Bei rund elf Milliarden Markt liegen momentan die jährlichen Nettoausgaben. Eine weitere Milliarde Mark an Kosten hätten die Bonner Sparvorschläge in ihrer ursprünglichen Form gebracht. Da die Sozialhilfe in 80 Prozent der Fälle nur als Restgrenze zum Ausfüllen anderer Einkommen bis zur Armutsgrenze dient, schlagen die Kürzungen bei Kindergeld, Wohngeld oder der Arbeitslosenhilfe voll auf die Kassen der Sozialhilfeträger durch."[22]

Steigende Mieten, Erhöhung der öffentlichen Verkehrstarife und Kürzungen des Kindergeldes sind schon allgemein bekannt. Nur wenigen Bürgern ist aber bisher klar geworden, daß die Kassen der Städte und Gemeinden weitgehend leer sind. Nach Ansicht des Städtetagspräsidenten und Stuttgarter Oberbürgermeisters Rommel befinden sich die Kommunen in einer bedrohlichen Finanzlage:

„Im laufenden Haushaltsjahr hätten sich die Gemeinden damit beholfen, die Investitionen auf allen Gebieten, vom Kindergarten über Straßenbau, kulturelle Einrichtungen bis zum öffentlichen Personennahverkehr um durchschnittlich 12 Prozent zu kürzen, während zugleich die Gebühren – Eintrittsgelder für öffentliche Einrichtungen, Betreuung in sozialen Diensten – erhöht würden, um näher an die Kostendeckung heranzukommen. . . . Der Städtetag fordere schon jetzt, für die Jahre 1983 und 1984 sofort ein umfassendes Konzept auszuarbeiten, mit dem die Haushaltsstrukturen von Bund, Ländern und Gemeinden ausgewogen und dauerhaft saniert werden können."[23]

Zum besseren Verständnis der Finanzkrise der Kommunen muß darauf hingewiesen werden, daß sich diese nicht ohne weiteres durch den Griff in die Staatskasse lösen läßt.

„Örtliche Träger der Sozialhilfe sind nämlich die kreisfreien Städte und Landkreise (§ 96 Abs. 1 BSHG), gegen sie richtet sich der Rechtsanspruch der Hilfesuchenden. Sie haben daher etwa 72 % der Sozialhilfelasten zu tragen. Den Kommunen fehlt aber eine angemessene Finanzausstattung, die es ihnen ermöglichen würde, auf den Anstieg der Sozialhilfekosten angemessen zu reagieren. Dies gilt in besonderem Maße für die Landkreise, deren Einnahmen zum großen Teil durch die Kreisumlage aufgebracht werden, die sie von ihren kreisangehörigen Städten und Gemeinden erheben. Auch wenn der Bundestag – wie im Fall der 3. Novelle zum BSHG – kostenintensive Leistungsverbesserungen beschließt, unterbleibt im allgemeinen eine Finanzierungsregelung zugunsten der Kommunen.

Ein Kostenersatzanspruch der Kommunalen Träger gegenüber Bund und Land – analog zu Art. 106 Abs. 8 GG – fehlt bislang (mit Ausnahme von § 56 BSHG)."[24]

Im Folgenden soll an einigen Beispielen erläutert werden, in welchem Rahmen Einsparungen vorgenommen werden und wie sie sich auf die Lebenssituation von Mädchen und jungen Frauen auswirken.

Länder, Städte und Gemeinden beabsichtigen generell, ihren Personalbestand zu verringern. Sie wollen freiwerdende Stellen entweder ganz streichen oder vorläufig nicht mehr besetzen. In Nordrhein-Westfalen werden Streichungen bei der Schülerbeförderung, Schulbüchern und der Weiterbildung vorgenommen. Aus vielen Städten und Gemeinden ist bekannt, daß die Kosten, die Eltern für einen Kindergartenplatz zahlen, erheblich steigen. Es ist auch beabsichtigt, Kindertagesstätten ganz oder teilweise zu schließen.

„Ein Kindergartenplatz für 900 Mark? In Herne (Westfalen) müssen Eltern bereits mit einem solchen monatlichen Höchstbetrag rechnen. Aber auch in Hamburg und Berlin gehen Eltern auf die Straße, um gegen mögliche oder schon eingetretene Mehrbelastungen „bei der Betreuung ihrer Kinder zu protestieren . . ."

Auch in Duisburg ist eine stärkere Beteiligung ‚gutverdienender Eltern' an den Kosten für die Unterbringung in einer Kindertagesstätte geplant: Der Betrag soll von Januar an von bisher 110 Mark monatlich auf 300 Mark für Kinder bis zu drei Jahren und auf 200 Mark für größere Kinder steigen; diese Erhöhung wurde mit einem ‚kaum zu vertretenden' Zuschuß von 600 DM je Kind aus der Finanzkasse der Stadt begründet.

In anderen Ruhrmetropolen wie Essen und Bochum stöhnen Eltern zwar auch über hohe Kosten für die Tagesstätten, Unruhe aber wurde hier von der Überlegung ausgelöst, mit der Schließung der Kindergärten an Nachmittagen Personalkosten einzusparen. ...

Die Stuttgarter Landesregierung will den Anteil der Eltern an den Lernmittelkosten erhöhen: Von Januar an müssen Lernmittel im Wert bis zu fünf Mark von den Eltern selbst bezahlt werden; bisher galt diese Regelung nur für Beiträge bis zu einer Mark. Die Landeszuschüsse zu den Personalkosten der Kindergartenträger sollen von 35 auf 25 Prozent gekürzt werden. Baden-Württemberg will damit im kommenden Jahr 48 Mio DM einsparen."[25]

Betroffen von den Sparmaßnahmen sind auch die Volkshochschulen, die Schwimmbäder und die öffentlichen Bibliotheken. In allen diesen Bereichen sind die Etatmittel erheblich gekürzt und die Gebühren erhöht worden.

„Die Volkshochschulen werden die Gebühren für ihre Kurse in Einzelfällen bis zu hundert Prozent erhöhen. Wie der Vorsitzende des Deutschen Volkshochschulverbandes Rudi Rohlmann jetzt in Bonn mitteilte, wird diese Maßnahme durch die von der Bundesregierung beschlossenen Sparmaßnahmen notwendig. ... Die Volkshochschulen wollen trotz der Sparmaßnahmen das Bildungsangebot nicht wesentlich verringern, da die Nachfrage nach Kursen nach wie vor groß ist. Die Sparmaßnahmen wollen die Volkshochschulen unter anderem dadurch auffangen, daß die Zahl der Teilnehmer je Kurs kräftig erhöht wird."[26]

Durch die geplanten Gebührenerhöhungen werden besonders die ärmeren und bildungsfernen Bevölkerungsgruppen von einem Volkshochschulbesuch abgehalten. Darüberhinaus ist zu bezweifeln, daß die Volkshochschulen ihre Absicht verwirklichen können, trotz des Einsparungszwanges ihr Bildungsangebot nicht einzuschränken. Ein Konflikt in Frankfurt zeigt, daß gerade Angebote mit einem emanzipatorischen Anspruch, die sich auf Neuland vorwagen, besonders stark Gefahr laufen, von den zuständigen staatlichen Stellen gestrichen zu werden. Dies betrifft auch frauenspezifische Kurse, die dezidierte politische Strategien beinhalten: So kritisieren Erwachsenenbildner aus Frankfurt das neue Programm der Volkshochschule:

„Gezielte Angriffe erfolgen auch gegen Bildungsangebote für Frauen, die emanzipatorische Zielsetzungen in ihrer praktischen pädagogischen Arbeit einlösen und repräsentieren. Die 50prozentige Streichung der Frauenforen, deren pädagogisches Konzept sich in einer mehr als zehnjährigen Praxis bewährt und überregionale Bedeutung erlangt hat, kann nicht glaubhaft mit ‚finanziellen und organisatorischen Überlegungen' begründet werden.

Weitere Indizien deuten darauf hin, daß es um eine gezielte Zerstörung gewachsener und bewährter Frauenbildungskonzepte geht:

- die Streichung eines im Frankfurter ‚Seminar für Politik', einer Abteilung im Amt für Volksbildung, entwickelten Projekts ‚Weiterbildungszentrum für Frauen', die im Hinblick auf die sich insbesondere für Frauen verschärfende Situation am Arbeitsmarkt eine strukturelle Veränderung der beruflichen Situation von Frauen zum Ziel hatte.
- die Einstellung der Neuentwicklung von qualifizierten Bildungswegen für Frauen
- die bereits für 1982 vorgesehene Schrumpfung der Mitarbeiterinnenzahl im ‚Seminar für Politik' um 25 Prozent. Es muß befürchtet werden, daß diese Entwicklung die Auflösung des ‚Seminars für Politik' als eine Weiterbildungseinrichtung für Frauen, aus der

die regionale und überregionale Frauenbildungsarbeit wichtige Impulse bezogen hat, einleiten soll. Damit wird die Möglichkeit unterbunden, neue Konzepte der Frauenbildungsarbeit zu entwickeln und zu erproben."[27]

Unter den derzeitigen sozio-ökonomischen Bedingungen, die auf den vorangegangenen Seiten skizziert wurden, könnte die Annahme plausibel erscheinen, daß zumindest in den CDU-regierten Ländern die Familienarbeit der Hausfrauen finanziell aufgewertet wird und die Gründung von Familien stärker gefördert wird. Aber das Gegenteil ist der Fall, zumindest in Baden-Württemberg:

„Im Zuge der Sparmaßnahmen hat die baden-württembergische Landesregierung jetzt das vor zweieinviertel Jahren eingeführte Familiengeld für nicht-erwerbstätige Mütter sowie die Zuschüsse für das seit vier Jahren gewährte Familiendarlehen vom 1. Januar 1982 an erheblich gekürzt. Statt 2.000 DM erhalten Frauen, die keinen Anspruch auf Mutterschaftsgeld nach dem Mutterschutzgesetz haben, bei der Geburt des ersten Kindes künftig nur noch 1.000 Mark und für das zweite und jedes weitere Kind noch 1.500 DM als einmaliges Familiengeld. Für das bei der Geburt eines Kindes bisher zinslos gewährte Darlehen von in der Regel höchstens 5.000 DM müssen die Darlehnnehmer künftig etwa 4 bis 5 Prozent Zinsen zahlen. . . ."[28]

Zum Schluß soll in diesem Abschnitt noch kurz angedeutet werden, wie sich die Kombination aus politischen Maßnahmen zur Bewältigung der kommunalen Finanzkrise, nämlich gleichzeitig Investitionen kürzen und Gebühren und Eintrittspreise erhöhen als auch Subventionen abzubauen, auf Jugendliche und ihre Lebenschancen auswirkt. Ein Beispiel aus Kiel: Obgleich die Kieler im Vergleich zu anderen Städten noch gut dastehen, fehlt ihnen das Geld. So Oberbürgermeister Luckardt:

„Wir brauchen dringend ein neues Schwimmbad, Kiel ist mit drei Schwimmbädern für eine Viertelmillion Einwohner spartanisch versorgt. Dann fehlen uns nach dem Maßstab der Landesregierung mehrere Turnhallen – es bleibt aber dabei, daß wir unsere Freizeitsportler in die umliegenden Gemeinden schicken müssen, denn sie sind besser als die Großstadt ausgestattet. Außerdem kommen wir nicht dazu, dringend notwendige Straßenprojekte durchzuziehen. . . . Wir können nicht investieren, wie wir es wollten, also sind wir gezwungen, uns prozyklisch zu verhalten. Das teuerste Projekt in 1982: eine Grund- und Hauptschule auf dem Ostufer für 14,2 Mio DM. Dabei glaubten die Kieler noch vor zwei Jahren, sie hätten genügend Schulen. Doch sie hatten nicht mit 2.000 türkischen Kindern gerechnet. Wie in einem Brennspiegel, so meint Luckardt, kann man diesem Beispiel die Probleme der Kommunen konzentrieren: ‚Als es Howaldt gut ging, brauchten wir die Gastarbeiter. Mit den Folgekosten – Schulen und Kindergärten – werden wir allein gelassen.' Dagegen besteht keine Aussicht mehr auf das vorgesehene Berufsschulzentrum. Ein circulus vitiosus: Im Arbeitsamtbezirk Kiel sind 10.000 Jugendliche unter 20 Jahren. Insgesamt Dreiviertel aller Arbeitslosen sind als ‚schwer vermittelbar' registriert, weil ihnen eine abgeschlossene Berufsausbildung fehlt. Für sie müßte, so meint die Stadtverwaltung, das Berufsschulzentrum gebaut werden – der Plan wurde verschoben!"[29]

4. *Fazit*

Die Eingangsfrage zu diesem Teil lautete: Wie sehen derzeit die Bedingungen für eine Frauenförderungspolitik aus? Die Analyse über die geschlechtsspezifische Arbeitsteilung in dieser Gesellschaft hatte ergeben, daß noch größere sozialpolitische Anstrengungen notwendig sind, um die Voraussetzungen zu verbessern, daß Mädchen und junge Frauen als Lebensperspektive die Vereinbarkeit von Familie und Beruf anstreben können.

Ein Fazit der Sozialstaatsentwicklung in diesem Teil zeigt den Abbau von Maßnahmen, die Chancengleichheit und die Vereinbarkeit von Beruf und Familie fördern. Die staatliche Politik orientiert sich nicht an diesen Prinzipien, sondern sie folgt durchweg den Forderungen nach einer Politik der Konsumbeschränkung, der Kostenentlastung der Unternehmen und des Abbaus staatlicher ‚Hemmnisse' für Wirtschaftsinvestitionen. Arbeitsförderung im Interesse der Arbeitnehmer wird abgebaut und die staatlichen Haushalte verhalten sich prozyklisch mit ihrer Einsparungspolitik.

Kompensatorische Maßnahmen und positive Diskriminierungen werden weiter eingeschränkt oder ganz abgebaut. Die Forderung nach Chancengleichheit wird diskreditiert als ‚Gleichschnürung'. Mädchen und junge Frauen sind aber auf staatliche Unterstützung angewiesen, wenn sie eine Lebensperspektive anstreben, die die Vereinbarkeit von Familie und Beruf oder eine eigenständige Lebensführung unabhängig von der Ehe beinhaltet.

Traditionelle Rollenmuster in den Familien – der Sohn soll etwas lernen oder studieren, die Tochter braucht keine Ausbildung, sie kann auf weiterführenden Schulbesuch verzichten, denn sie heiratet ja doch – werden verstärkt, wenn sich die Berufsaussichten für Mädchen verschlechtern, wenn sich Familien eine Ausbildung finanziell nicht leisten können und/oder wenn sie sogar auf das Einkommen der Tochter für die Lebenshaltung angewiesen sind.

All die oben genannten negativen Faktoren treffen derzeit zusammen. Denn die Lebenshaltungskosten steigen rapide, die Berufsaussichten verschlechtern sich massiv und staatliche Subventionen im Bildungs- und Sozialbereich werden gestrichen. Das Prinzip der individuellen Förderung zur Kompensation geschlechts- und schichtsspezifischer Beeinträchtigungen wird abgelöst vom Subsidiaritätsprinzip, der Hilfe in Notfällen.

Höhere Lebenshaltungskosten und der Abbau von Kindergeld, Bafög und anderen familienunterstützenden Subventionen trifft zuerst die Ausbildungs- und Berufschancen von Mädchen und jungen Frauen. Auch die Bedrohung der erwerbstätigen Eltern durch Arbeitslosigkeit läßt sie eher finanzielle Verpflichtungen für eine Ausbildung und eigenständigere Lebensführung von Mädchen als von Jungen einschränken.

Erheblich reduziert und verteuert werden familienergänzende und unterstützende Einrichtungen für Kinder und Jugendliche und eine familienunabhängige Versorgung von kranken und alten Menschen.

Der Umfang und Druck der Familienarbeit auf die Frauen wird durch die derzeitige Sozialpolitik verstärkt, so daß die Vereinbarkeit von Familie und Beruf immer unwahrscheinlicher wird.

III. Perspektiven für die Achtziger Jahre

Die Chancen der Mädchen und jungen Frauen in Ausbildung, Beruf, Teilhabe am öffentlichen Leben und in der Politik sind derzeit skeptisch zu beurteilen. Ist dies eine kurze Durststrecke? Welche Erwartungen können in die kommenden Jahre gesetzt werden? Ausbildung und Erwerbsarbeit sind zentrale Bezugspunkte für die Lebensplanung. Welche Aussichten haben Mädchen und junge Frauen in den achtziger und neunziger Jahren, Erwerbsarbeit entsprechend ihren Qualifikationen und Interessen zu finden? Können sie realistische Möglichkeiten sehen, Familie und Beruf miteinander zu vereinbaren?

1. Hohe strukturelle Arbeitslosigkeit

Die Chancen auf dem Arbeitsmarkt für Mädchen und junge Frauen sind schlecht. In 1982 rechnet das Institut für Arbeitsmarkt- und Berufsforschung (IAB) der Bundesanstalt für Arbeit mit rund 1,8 Mio Arbeitslosen. Die 1,5 Mio-Schwelle wird im Jahresverlauf kaum unterschritten. Ende des Jahres soll die Grenze zu 2 Mio Arbeitslosen sogar spürbar überschritten sein.

Im Februar 1982 lag die Arbeitslosenquote bei Männern bei 7,8 %, die der Frauen bei 8,6 %. Die höchsten Arbeitslosenquoten unter den Frauen hatten die 15-30jährigen. Sie liegt wesentlich höher als bei den vergleichbaren männlichen Jahrgängen.

Die Arbeitslosigkeit basiert sowohl auf der anhaltenden Schwäche der gesamtwirtschaftlichen Nachfrage und Produktion als auch auf der seit Jahren zu geringen Nachfrage nach Arbeitskräften und einem weiter zunehmenden Erwerbspersonenpotential.

„Dieser weiteren Nachfrageschwäche auf dem Arbeitsmarkt steht auch in diesem Jahr ein wachsendes Angebot an Arbeitskräften gegenüber. Einmal befinden wir uns im Hinblick auf den jährlichen Zuwachs auf dem ‚Kamm der demographischen Welle‘: Vor allem infolge der unterschiedlichen Besetzungsstärken der zu- und abgehende Jahrgänge, teils auch infolge des langfristigen Trends in der Erwerbsneigung steigt die Zahl der deutschen

Erwerbspersonen um rd. 160.000 Personen. Darin enthalten sind auch die stärker als früher ins Gewicht fallende Zahl zuwandernder Ausssiedler aus den osteuropäischen Ländern sowie Einbürgerungen von Ausländern.

Auch die Zahl der ausländischen Erwerbspersonen – nicht nur aus EG-Ländern – nimmt nach wie vor zu, teils weil jüngere Ausländer (der ‚zweiten Generation') verstärkt auf den Arbeitsmarkt drängen, teils durch weitere Zuwanderungen im Zuge von Familienzusammenführungen und Anerkennung von Asylbewerbern.

Insgesamt ergibt sich hieraus für 1982 ein Anstieg um 220.000 Erwerbspersonen."[30]

Die Arbeitsmarktforscher nehmen an, daß neben der Zahl der registrierten Arbeitslosen auch die ‚Stille Reserve' zunimmt. Sie gehen für 1982 von 802.000 Personen aus. Erfahrungsgemäß handelt es sich hierbei zum weitaus überwiegenden Teil um Frauen, die ihre Berufs- und Erwerbswünsche angesichts der Aussichtslosigkeit auf dem Arbeitsmarkt zurückgestellt haben.

Zur Einschätzung der Arbeitsmarktentwicklung und in Hinblick auf Maßnahmevorschläge müssen die strukturellen Veränderungen mitbedacht werden,

„die sich auf dem Arbeitsmarkt infolge der jüngsten allgemeinen Verschlechterung einstellen. Der Beschäftigungsrückgang erstreckt sich z.B. auf nahezu alle Wirtschaftsbereiche und innerhalb des Verarbeitenden Gewerbes auf nahezu sämtliche Industriezweige. Freilich gibt es relative Unterschiede hierin. Besonders stark ist der Beschäftigungseinbruch im Baugewerbe, in dem die Folgen der anhaltenden Hochzinspolitik wie auch der Konsolidierungsbemühungen besonders zu Buche schlagen. Aber auch in besonders konsumnahen Bereichen, innerhalb des Verarbeitenden Gewerbes (Holzverarbeitung, Textil- und Bekleidungsgewerbe, Lederverarbeitung, Herstellung von Musikinstrumenten und Spielwaren) wie auch im Handel und in den Dienstleistungssektoren schlägt die schwache Entwicklung der verfügbaren Einkommen auf die Beschäftigung durch. Schließlich zeigt auch die anhaltend schwache inländische Investitionstätigkeit bei der Beschäftigungsentwicklung im Produktions- und Investitionsgütersektor ihre Spuren.

Dieser Beschäftigungsrückgang auf breiter Front macht deutlich, daß es sich hier nicht um partielle Anpassungsprobleme in einzelnen Produktionsbereichen handelt – sie mögen auch eine gewisse Rolle spielen –, sondern überwiegend um eine generelle alle Nachfrageaggregate umfassende Nachfrageschwäche, sieht man von Sonderentwicklungen der Auslandsnachfrage einmal ab."[31]

Nach Auffassung des IAB werden die Arbeitsmarktprobleme bis weit in die neunziger Jahre reichen:

„Bei schwachem Wirtschaftswachstum und anhaltendem Ausländerzustrom wird sich die Schere zwischen Angebot und Bedarf an Arbeitskräften noch bis Mitte der neunziger Jahre weiter öffnen, heißt es in den ‚Perspektiven'. Die Nürnberger Arbeitsmarktforscher kommen bei ihrer ungünstigen, aber nicht unrealistischen Rechenvariante auf eine Lücke von rund vier Mio. Arbeitsplätzen. Auch wenn ebenso viele Arbeitnehmer wie in den siebziger Jahren in die sogenannte ‚Stille Reserve' abwandern und keine Arbeitsplätze mehr nachfragen, steigt nach diesen Hochrechnungen die Zahl der registrierten Arbeitslosen auf rund drei Millionen Arbeitslose für 1990 bis 1995."[32]

Die strukturelle Arbeitslosigkeit ist also kein kurzfristiges Problem. Sie wird zumindest in den nächsten 15 Jahren den Alltag prägen. Die Suche nach einem Ausbildungsplatz, der Berufseinstieg und die wichtigsten Jahre für die berufliche Entwicklung und Familiengründung werden für Mädchen und junge Frauen durch die eben skizzierten Merkmale geprägt.

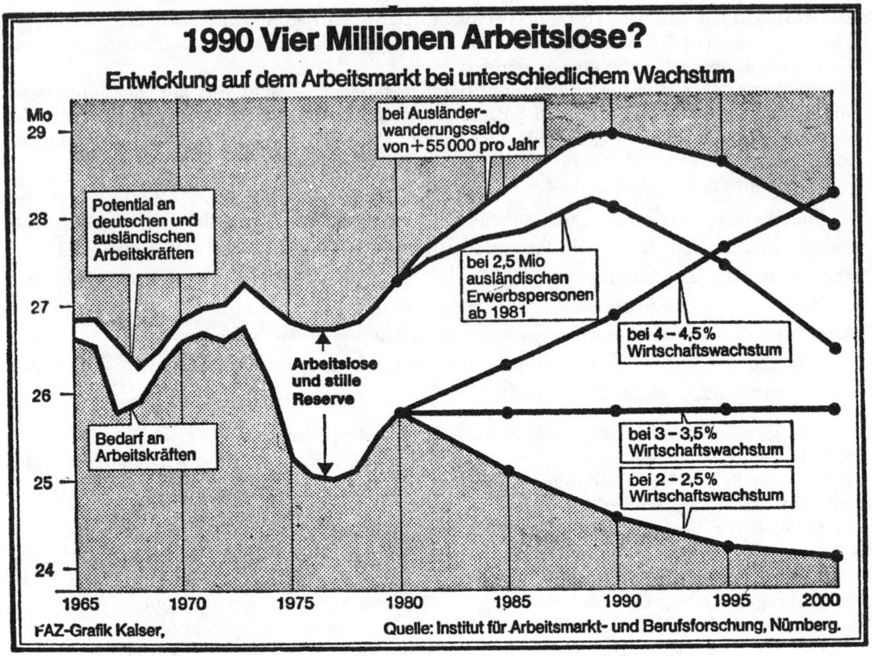

2. Wirkungen der hohen strukturellen Arbeitslosigkeit auf die Sozialpolitik

Drohende und konkret erfahrene Arbeitslosigkeit erzeugen beim Individuum schwere Unsicherheiten, Einbrüche im Selbstwertgefühl und gesellschaftliche Desorientierung. Besonders für junge Menschen, die Ausbildungs- und Arbeitsplätze suchen, können diese Erfahrungen so gravierend sein, daß sie sich resignativ oder aufrührerisch von der Gesellschaft abwenden. Aber Arbeitslosigkeit schafft nicht nur massive psychische Probleme, zu bedenken sind auch die gravierenden finanziellen Auswirkungen für die betroffenen Individuen und deren Familien, für die Versichertengemeinschaft und den Staatshaushalt.

„Arbeitslosigkeit – oder umfassende Unterbeschäftigung – bedeutet Mehrausgaben und Mindereinnahmen vielfältiger Art: Arbeitslosengeld, Arbeitslosenhilfe und Sozialhilfe sind die vorherrschenden Arten der Mehrausgaben, Ausfälle der Einnahmen bei direkten und indirekten Steuern und bei Beiträgen zu den verschiedenen Zweigen der Sozialversicherung (Arbeitslosen-, Kranken- und Rentenversicherung), sind die wichtigsten Arten von Einnahme-Verlusten öffentlicher Haushalte. Hinzu treten noch andere Kostenarten, die noch gar nicht ins öffentliche Blickfeld gerückt worden sind: Arbeitslosigkeit stellt für viele eine psycho-soziale Belastung dar, macht häufig auch krank, physisch wie psychisch, – und Krankheit ist teuer, nicht nur für die Betroffenen selbst, sondern auch für die Solidargemeinschaft der Versicherten. Arbeitslosigkeit kann auch die Motivation zur Arbeit und zu gesellschaftlichem Engagement zerstören – und auch dies ist teuer, langfristig noch mehr als auf kurze Sicht."[33]

Das IAB weist m. E. mit Recht darauf hin, daß die hohen Kosten der Unterbeschäftigung in der Diskussion um beschäftigungspolitische Alternativen nicht übersehen werden dürfen.

Unter maßnahmeorientierten Aspekten ist ein weiteres Problem hoher struktureller Arbeitslosigkeit zu beachten. Es zeigt sich nämlich, daß sich die strukturellen Unterschiede zwischen einzelnen Arbeitsmarktgruppen zu verwischen beginnen. Eine gezielte Förderung besonders belasteter Gruppen wird hierdurch erschwert. Die Arbeitslosenquote der Frauen liegt zwar auch 1982 wieder höher als die der Männer; aber im Vergleich mit den Vorjahreszahlen zeigt sich, daß die Arbeitslosigkeit bei den Männern in absoluten Zahlen stärker zugenommen hat.[34] Der Beschäftigungsrückgang in nahezu allen Bereichen des Verarbeitenden Gewerbes hat den Anteil der Männer an den Arbeitslosen spürbar erhöht.

„Auch in der Qualifikationsstruktur der Arbeitslosen sind nun deutliche Änderungen eingetreten. Zwar überwiegt bei weitem der Anteil der Arbeitslosen ohne abgeschlossene Berufsausbildung, ja ihr Anteil ist sogar noch geringfügig gestiegen. Spürbar über dem Durchschnitt liegt nun aber auch die Zunahme der Zahl von arbeitslosen Facharbeitern. Sie bildeten im vergangenen Herbst mit 180.000 Personen einen Anteil von fast 15% der Arbeitslosen. Auch für die Gruppe der Hochqualifizierten ist nun ein stärkerer Anstieg der Arbeitslosigkeit als im vergangenen Herbst zu verzeichnen. Die spezifische Arbeitslosenquote liegt hier jedoch noch immer deutlich unter dem Durchschnitt. ... Überdurchschnittlich zugenommen hat ferner die Zahl der jüngeren Arbeitslosen (bis unter 35 Jahren). Die Altersstruktur der Arbeitslosigkeit hat sich damit der Altersstruktur der Beschäftigung angenähert."[35]

Aus diesen Entwicklungen zieht das IAB folgenden Schluß:

„In dem Rahmen, in dem Beschäftigungssteigerung und Abbau von Arbeitslosigkeit durch politische Maßnahmen jeglicher Art gegenwärtig überhaupt politisch durchsetzbar erscheinen, fallen jedenfalls Strukturdiskrepanzen auf dem Arbeitsmarkt so gut wie gar nicht ins Gewicht."[36]

Wenn Strukturdiskrepanzen auf dem Arbeits- und Ausbildungsstellenmarkt wegen zunehmender Arbeitslosigkeit aller Beschäftigungsgruppen politisch nicht mehr ins Gewicht fallen, dann bedeutet dies u.a., daß Frauenförderungspläne, eine Quotierung von Ausbildungsplätzen in technischen und Verwaltungsberufen für Mädchen ebensowenig zu erwarten sind wie eine Novellierung des AFGK mit der Intention, der Lebenssituation von Mädchen und Frauen in der Konzipierung und Finanzierung von Maßnahmen stärker Rechnung zu tragen. Je weniger vorhandene Strukturdiskrepanzen die Diskussion in der Arbeitsmarktpolitik bestimmen, desto geringere Unterstützung werden Forderungen nach Maßnahmen positiver Diskriminierung und nach Vereinbarkeit von Familie und Beruf für Mann und Frau finden. Die Hoffnung auf eine Umsetzung diesbezüglicher Vorstellungen wird immer illusionärer.

Die Kerngruppe des Arbeitsmarktes sind Männer zwischen fünfundzwanzig und fünfundvierzig in Facharbeiter- und Angestelltenberufen. Sie bilden das Rückgrat der Gewerkschaften und Betriebe. Wenn sie konkret von Arbeitslosigkeit bedroht werden – und dies ist derzeit und in den kommenden Jahren der Fall –, so ist damit zu rechnen, daß sich alle Maßnahmen und finanziellen Mittel auf den Erhalt *ihrer* Arbeitsplätze und Qualifikation richten.[37]

3. Ende der Vollbeschäftigungsperiode

Das Institut für Arbeitsmarkt- und Berufsforschung und andere renommierte Forschungsinstitute weisen darauf hin, daß globale Nachfragedefizite nach Arbeitskräften die Hauptursache für die Unterbeschäftigung sind. Strukturdiskrepanzen zwischen Nachfrage und Angebot spielen eine untergeordnete Rolle. Die Nachfragedefizite werden vom IAB mit einer Zahl zwischen 2 und 3 Mio angegeben.

Diese Zahlen mögen erschrecken. Denn sie machen deutlich, daß Vollbeschäftigung in dem Sinne, daß alle Personen im erwerbsfähigen Alter auf Dauer eine Erwerbsarbeit im herkömmlichen Berufssystem finden können, illusorisch sind. Im Gegensatz zu dieser Arbeitsmarktentwicklung hat sich in der Bevölkerung zunehmend das Bewußtsein entwickelt, daß für alle Personen im erwerbsfähigen Alter mit Unterbrechungen wegen Ausbildung oder Familienaufgaben ein Recht auf Erwerbsarbeit besteht und daß der Staat entsprechende Vorsorge zu schaffen hat. Zahlenmäßig bedeutsame Rückzugsmöglichkeiten in partielle Subsistenzwirtschaft, in agrarisch-kleingewerbliche Familienbetriebe oder in wenig technisierte und damit arbeitsintensive Haushalte, die als Elastizitätspuffer dienen könnten, sind in der Bundesrepublik nahezu verschwunden.

Welche Lösungen sind denkbar, um das Arbeitskräfteangebot mit der gesamtwirtschaftlichen Nachfrage in Übereinstimmung zu bringen? Wie wirken sie auf die Lebenschancen von Mädchen und jungen Frauen?

Im folgenden werden Lösungsansätze diskutiert, deren Grundmuster derzeit und wahrscheinlich auch in den kommenden Jahren die öffentliche Diskussion bestimmen.

4. Perspektiven eines Lebens mit hoher struktureller Arbeitslosigkeit

Der Wohlfahrtsstaat sozialdemokratischer Prägung, der u.a. darauf basiert, daß der Staat im Bildungs- und Sozialbereich zahlreiche Dienstleistungen anbietet und Beschäftigungsprogramme finanziert mit dem Ziel, mehr Gleichheit und soziale Gerechtigkeit zu verwirklichen, kann nach einer verbreiteten Ansicht nicht mehr finanziert werden. Selbst führende Sozialdemokraten, wie der scheidende Finanzminister Matthöfer sind skeptisch geworden:

„In einer solchen, umfassenden Sicht wird schnell deutlich, wo die wirklichen Probleme der Finanzpolitik in Bund, Ländern und Gemeinden liegen: Die Einnahmeseite weist eine bemerkenswerte Konstanz, jüngst sogar ein leichtes Absinken der Steuerquote, erhebliche Verschiebungen der einzelnen Steuern innerhalb dieser konstanten Quote und ständig ansteigende Sozialabgaben aus. Diese Entwicklung bedeutet unter anderem, daß die Abgabenbelastung der erwerbstätigen Lohnempfänger, auch der Bezieher mittlerer Einkommen, erheblich angestiegen ist. Ebenfalls angestiegen sind damit die Lohnnebenkosten der Wirtschaft. Beides ist nicht beschäftigungsfördernd.

Dieser Problematik auf der Einnahmenseite steht auf der Ausgabenseite spiegelbildlich eine ständig angestiegene Quote der Sozialausgaben gegenüber. Diese Entwicklung, die zunächst Ausdruck einer bewußten Politik zugunsten der sozial Schwächeren gewesen sein mag, beginnt nun aber, ganz erhebliche Probleme aufzuwerfen.

Die überproportionale Dynamik der Sozialausgaben, die in hohem Maße durch gesetzliche Verpflichtungen abgesichert ist, ist fast vollständig der finanzpolitischen Steuerung entzogen, so daß von ihr ein Druck auf Einschränkungen bei anderen, insbesondere auch bei den investiven oder sonst wachstumsfördernden Ausgaben ausgeht. Die Finanzminister von Bund und Ländern sind heute mit Ausgabenzwängen konfrontiert, die oft über 90 Prozent der Etatrahmen ausfüllen, so daß die Spielräume für neue gezielte Maßnahmen auf ein Minimum zusammenschrumpfen; bei der Forderung nach Rückführung der Kreditaufnahme in Zeiten geringer Steuereinnahmen gibt es nicht nur keine Spielräume mehr, sondern es entstehen Zwänge zu Einschnitten, die bei einer Abwägung des gesamten Spektrums der öffentlichen und der sozialen Ausgaben nicht gerechtfertigt wären.

Wenn man es überzeichnet formulieren wollte, so könnte man sagen, daß in einer Zeit, in der alles vom Vorrang der Zukunfstvorsorge und der Schaffung neuer Arbeitsplätze spricht, die direkten Steuern und die Sozialabgaben den aktiv Beschäftigten und der Wirtschaft immer mehr Geld entziehen, um es in immer höherem Maße in unproduktive Verwendungen zu lenken. Hier liegt die Wurzel der Forderung nach einer Umstrukturierung des Sozialprodukts zugunsten produktiver, innovativer und investiver Verwendungen."[38]

Im Aufwind sind derzeit zwei andere gesellschaftspolitische Vorstellungen zur Bewältigung der Wirtschaftskrise und der Arbeitslosigkeit, das liberal-konservative Modell und Vorstellungen der Grünen und Alternativen.

4.1 Die sanfte Macht der Familie

Das liberal-konservative Modell setzt vorrangig auf Privatisierung staatlicher Dienstleistungen, auf mehr Markt, auf mehr Eigeninitiative und mehr Profit, weniger Steuern und Sozialabgaben, um verstärkt unternehmerische Investoren anzuregen. In diesem Kontext fordert Norbert Blüm, der Vorsitzende der CDU-Sozialausschüsse:

„Die Sozialpolitik müse in dem Sinne ‚entstaatlicht' werden, daß Subsidiarität, Eigenverantwortung, Familie und Nachbarschaftshilfe wieder zur Geltung kommen könnten; damit sei auch der Mißbrauch der Sozialsysteme zu bekämpfen."[39]

Konkretisiert wurden diese Vorstellungen auf der 19. Bundestagung der Sozialausschüsse der Christlich-Demokratischen Arbeitnehmerschaft im Oktober 1981, die unter dem Motto „Die sanfte Macht der Familie" stand. Mit der Forderung nach mehr Selbsthilfe und Eigeninitiative in Familie und Nachbarschaft wird die ideologische Aufwertung der Familienarbeit für die Frauen verbunden. Mütterlichkeit als ‚Symbolwert für die Tugenden der sanften Gesellschaft' wird offensiv in den Vordergrund gestellt, als Gegenstrategie zu einer Gesellschaftspolitik, die alles für machbar hält, ohne nach dem Humanen zu fragen.

„Die Familie schafft Kultur und ist zugleich ein Produkt der Kultur. Kulturelle Entwicklung, die sich von der Familie löst, entfernt sich von ihrem Ursprung. Härte, Egozentrik und Wildwuchs der modernen Industriegesellschaft sind auch das Ergebnis mangelnder Treue zur Familie. Zurück zur Familie ist also kein Rückmarschbefehl in eine Familienidylle, wie sie sich in der Geschichte immer wieder verschiedenartig ausgeprägt hat, sondern eine Vorwärtsstrategie zurück zur Natur des Menschen. ... Die ersten Schritte des Menschen auf dem Mond haben noch einmal die Faszination der großen Eroberungswelle der Neuzeit ausgelöst. Die Fußspuren der Mondfahrer sind längst verweht. Das Nachtgestirn gehört wieder den Liebenden, Ölschock und anhaltende Wirtschafts- und Beschäftigungskrise haben uns auf den Boden unseres Planeten zurückgeführt. Die Welt ist endlich. Es hat keinen Zweck mehr, alles zu machen, was wir machen können.

Doch es ist nicht ausgemacht, daß diese Erfahrung ausreicht . . .

Wir müssen natürliche Dämme aufschütten gegen die Verlockung, den besseren Menschen oder die menschlichere Gesellschaft in der Weise zu schaffen, in der der Züchter sein Schwein den Verbraucherwünschen anpaßt. Die ‚Deutsche Gesellschaft für humanes Sterben' hat jetzt eine Broschüre mit Selbstmordratschlägen für Schwerkranke angekündigt. Mitempfinden ist noch keine Menschlichkeit. Wer die Schwangerschaft einer vergewaltigten Frau abbricht oder dem Sterbenden einen schmerzlosen Tod gibt, ist bereits auf dem Wege in eine Gesellschaft, in der das Ziel Menschlichkeit abgekoppelt ist von den Werten, die der Willkür des Menschen entzogen bleiben müssen.

Der Begriff Menschlichkeit ist durch einen sentimentalen Humanismus unterwandert. Er beschreibt also nicht mehr eindeutig die Grenzen der Unmenschlichkeit. Deshalb sind wir für Mütterlichkeit als Symbolwert der Tugenden einer sanften Gesellschaft, in der jedes Leben aufgehoben ist. Sicher ist die einzelne Mutter nicht gegen den Versuch gefeit, Menschlichkeit mißzuverstehen. Sie ist jedoch sehr viel widerstandsfähiger als jede Institution gegen die Versuchung, aus einer beliebigen humanen Begründung in das Tabu des Lebens einzugreifen. Sie steht dem Leben eher ohne Vorbedingung gegenüber, weil sie Leben nicht bloß auslöst, sondern aus der Substanz ihres eigenen Körpers entwickelt. Mütterlichkeit, zu der auch der Mann zurückfinden muß, beschreibt also präziser die Grenzen zur Menschenfeindlichkeit.

Mutterarbeit als ‚Leben entwickeln' und ‚Zuwendung geben' ist daher auch mehr als Erziehungsarbeit und erst recht mehr als Erwerbsarbeit. Die Erwerbsarbeit wird weniger in der Gesellschaft. Wir müssen die Arbeit verteilen. Jeder, ob Mann oder Frau, muß den gleichen Zugang zur Erwerbsarbeit haben und zu den gleichen Bedingungen. Selbstverständlichkeiten brauchen wir uns nicht ständig gegenseitig zu wiederholen. Zur Wahlfreiheit gehört, wenn das Wort einen Sinn haben soll, aber auch die Freiheit aus dem Erwerbsleben auszusteigen, beispielsweise um sich ganz den Kindern zu widmen.

Unsere Leistungsgesellschaft ist auf Erwerbsarbeit fixiert als Platzanweiser. Doch angesichts der quantitativen und qualitativen Veränderungen in der Erwerbsarbeit wachsen die Zweifel an ihrer allseligmachenden Wirkung, beginnt die Suche nach Selbstverwirklichung durch Arbeit in anderen, dem Menschen oft näherstehenden Formen. Humanisierung ist also mehr als saubere Hände und gesunde Verhältnisse am Arbeitsplatz. Zur Humanisierung der Arbeit gehört auch, daß eine Frau nicht aus finanziellen oder Prestigegründen zur Erwerbsarbeit genötigt wird. Nicht die Forderung nach Gleichberechtigung der Frau, wohl aber die Ideologie, daß sie sich nur in der Erwerbsarbeit entwickelt, steht zur Debatte.“[40]

Ich habe hier zur Illustration der wichtigsten Denkmuster und Vorstellungen in dem Konzept ‚Die sanfte Macht der Familie‘ eine längere Passage zitiert.

Die Eigenart der hochtechnisierten, die Naturbeherrschung vorantreibende, expansive, kühl-kalkulierende Industriegesellschaft wird konfrontiert mit den Tugenden einer sanften Gesellschaft, für die die Frauen in den Familien einstehen.

Mütterlichkeit wird zum Synonym für eine sorgende, fürsorgliche Menschlichkeit. Der Rationalität bürokratischer Institutionen wird die Rationalität intuitiver Weiblichkeit vorgezogen, die einen ungebrocheneren Zugang zum Humanen hat, weil sie aufgrund von Schwangerschaft und Geburt allem Lebendigen animalisch näher ist. Die natürliche Gefühlskompetenz der Frau wird höher geschätzt als die Rationalität von Institutionen und Experten.

Der hohe Wert der Mutterarbeit wird betont. Sie sei wertvoller als Erwerbsarbeit. Die Wahlfreiheit wird mit der Priorität der Familienarbeit versehen. Das Prinzip Selbstverwirklichung für die Frauen wird in einem unvermuteten Kontext hervorgehoben: Da viele Menschen die Erwerbsarbeit als Weg der Selbstverwirklichung nicht mehr attraktiv finden, wird folgerichtig unter das Programm Humanisierung des Arbeitslebens die Forderung subsumiert, daß keine Frau aus finanziellen oder Prestigegründen zur Erwerbsarbeit genötigt werden soll.

Unter dem Gesichtspunkt der geschlechtsspezifischen Arbeitsteilung ist deutlich eine Profilierung der Geschlechtsrollen für Mann und Frau festzustellen. Der Mann ist der erwerbstätige Ernährer der Familie und die Frau sorgt für die emotionale und haushälterische Betreuung der Familienmitglieder. ‚Die sanfte Macht der Familie‘ ist ein Familienprogramm für Frauen.

Die Kernaspekte der weiblichen Rolle werden deutlich positiv akzentuiert:

- ein starkes Interesse für Ehe, Heim, Kinder als primär weibliche Angelegenheit
- Abhängigkeit vom männlichen Versorger hinsichtlich Unterhalt und Status
- eine Erwartung, daß Frauen auf Fürsorglichkeit und lebenserhaltende Aktivitäten Wert legen
- ein ausdrücklicher Befehl, daß Frauen durch und für andere und nicht für sich selbst leben sollen
- ein Verbot hinsichtlich des Ausdrucks von direkter Selbstbehauptung, Aggression und Machtbedürfnissen.

Frauen können in der weiblichen Rolle eine positive Entwicklungschance sehen, wenn sie die ökonomische Abhängigkeit von Männern akzeptieren und wenn sie eine hetero-sexuelle Orientierung haben. Für Frauen, die ökonomisch unabhängig vom Mann einen selbständigen Lebensweg suchen und/oder eine homo-sexuelle Orientierung haben, bietet diese Rolle keine Perspektive.

Beinhaltet die weibliche Rolle Macht?

In dem Programm „Die sanfte Macht der Familie“ wird Macht für die Frauen reklamiert. Welche Machtmittel und -formen beinhaltet die weibliche Rolle?

Wenn man den Machtaspekt nur auf formale und institutionelle Gesichtspunkte beschränkt, so wird übersehen, daß die weibliche Rolle sehr wohl eine Form der Machtausübung erlaubt, die allerdings äußerst persönlich, indirekt und stark emotional geprägt ist.

In der Rolle der Familienhausfrau erkennt die Psychologin Suzanne Keller zumindest zwei Möglichkeiten der Machtausübung. Zum einen Macht in der Bewältigung der Familienaufgaben:

„Sowohl als Ehefrau als auch als Mutter spüren Frauen eine gewisse Macht aufgrund der Tatsache, daß sie ihre Haushalte organisieren, das Netz der Verwandtschaft beherrschen, über das Haushaltsgeld verfügen, an ihre Ehemänner Forderungen stellen und das Leben der Kinder beaufsichtigen. Die Macht der Familie und der Ehefrau hängt natürlich zunächst davon ab, daß man verheiratet ist und Nachkommen hat, und in zweiter Linie von der Bedeutung der Familie in der Gesellschaft. Je mehr ihre Bedeutung abnimmt, desto mehr läßt auch ihre Macht nach – vielleicht einer der Gründe für die heutige Unzufriedenheit mit der traditionellen weiblichen Rolle. Jedoch die Rolle der Mutter bietet Frauen die ausgiebigste Gelegenheit, direkte und offene Macht auszuüben. Mütter formen und haben mit ihrem Einfluß das Leben ihrer Kinder geformt. . . . Viele Autoren nehmen die Abhängigkeit und formale Unterwerfung der Frau wörtlich. Sie übersehen dabei viele Möglichkeiten der Frau, hinter der Fassade männlicher Vorherrschaft ihre Macht auszuüben. Neben der demütigen und unterwürfigen Ehefrau müssen deswegen auch der Familientyrann und der Pantoffelheld stehen.“[41]

Die andere wesentliche Form weiblicher Macht ist die erotische Macht oder die Macht,

„sexuelle Wünsche und emotionale Bedürfnisse von Männern zu erregen, zurückzuhalten oder zu befriedigen. Wenn Frauen in patriarchalischen und quasi-patriarchalischen Verhältnissen finanziell als auch gesetzlich von Männern abhängig sein müssen, so müssen die Männer in erotischer Hinsicht von Frauen abhängig sein.“[42]

In dem bisher Gesagten sind implizit schon Vor- und Nachteile der weiblichen Rolle für Mädchen und junge Frauen aufgeführt. Sie werden im folgenden kurz expliziert, damit präziser beurteilt werden kann, wie sich das Programm „Die sanfte Macht der Familie“ möglicherweise auf die Lebensperspektive von Mädchen auswirkt. Bewertungen sind allerdings immer relativ. Je nachdem, welche Wünsche und Lebensvorstellungen eine Person hat, können Vorteile als Nachteile und umgekehrt eingeschätzt werden.

In der Gegenüberstellung folge ich den Ausführungen von Suzanne Keller. Als Vorteile sieht sie an

ökonomische Sicherheit
„Dies bedeutet nicht unbedingt ökonomisches Wohlergehen; sondern vielmehr, daß kein Druck besteht, lästige Verantwortungen zu übernehmen und schwierige ökonomische Entscheidungen zu riskieren.“

emotionale Sicherheit
„Frauen wird ein breiteres Spektrum emotionaler Ausdrucksmöglichkeiten zugestanden als Männern, und ihre Rollen akzentuieren das Geben und Empfangen von Liebe und Zuneigung – gegenüber den Eltern, dem Ehepartner und den Kindern. Sie haben einen leichteren Zugang zu dem Bereich der Intimität, und sie haben mehr Möglichkeiten, ihre Ängste und Spannungen herauszulassen."

den Schönheitskult
„Dieser Bereich kann wie auch jeder andere Bereich natürlich übertrieben werden; die Betonung des Aussehens und des persönlichen Stils kann jedoch in verschiedener Weise eine kreative Erfahrung sein. ... Die Betonung darauf, schön und begehrenswert zu sein, erlaubt außerdem, ja ermutigt die Frauen geradezu, sich mit sich selber zu beschäftigen; dadurch wird ein gesellschaftlich sanktionierter Narzißmus gefördert, welcher dem Ich Nahrung gibt."
„Eine Reihe anderer Eigenschaften, die hinsichtlich der weiblichen Rolle betont werden, wie etwa Fürsorglichkeit, Wärme und Sympathie, sind innerlich in ihrer Ausübung als auch in ihrer Aneignung angenehm."

fehlender Leistungsdruck
„Da die Frauen in der Welt keinen Erfolg haben müssen, können sie sich mehr entspannen, weniger hektisch und mehr auf Personen orientiert sein; in mancher Hinsicht können sie sogar individualistischer als Männer sein. Dies wird natürlich für Frauen, die draußen in der Welt Erfolg suchen, nicht von Vorteil sein."[43]

Die Nachteile der weiblichen Rolle faßt Suzanne Keller folgendermaßen zusammen:

geringere Autonomie (im Vergleich zur männlichen Rolle)
„Dies bedeutet mehr Einschränkungen und Begrenzungen hinsichtlich der eigenen Entwicklung, was besonders für unabhängige, selbständige, ehrgeizige Frauen schwierig ist, die sich nicht mit der Macht in familiären und erotischen Bereichen zufrieden geben."

Unwissen und mangelhafte Ausbildung
„Frauen haben eine geringere formale Ausbildung und weniger Kenntnisse hinsichtlich der Bewältigung einer zunehmend technischen und komplizierten Welt. Je umfassender der Arbeitsbereich und das öffentliche Leben im Vergleich zum eigenen Haushalt werden, desto mehr werden Frauen sich benachteiligt fühlen."

kategorische Unterordnung unter Männer
„Dies trifft besonders für die verheiratete Frau zu, für die diese Unterwerfung gewissermaßen erfunden wurde. Dadurch werden nicht nur die formalen rechtlichen Aspekte des Lebens, sondern ebenfalls das eigene Selbstkonzept und die menschlichen Beziehungen betroffen."[44]

Zusammenfassend stellt Suzanne Keller fest, daß die weibliche Rolle im wesentlichen bedeutet, Autonomie gegen Sicherheit einzutauschen. „Ob dies ein guter oder schlechter Tausch ist, hängt davon ab, in welcher Welt man lebt", welche Lebensvorstellungen und Wünsche Mädchen und Frauen haben.

Zu bedenken ist hierbei auch, daß die ökonomische und soziale Sicherheit, die die Ehe bietet, zu einem unerträglichen Zwang werden kann, wenn es massive Konflikte zwischen Mann und Frau gibt. Die kategorische Unterordnung unter die Wünsche und Interessen der Männer wird dann zur Qual.

Abschließend möchte ich darauf hinweisen, daß unter sozialpolitischen

Gesichtspunkten bemerkenswert ist, daß die CDU-Sozialausschüsse in einer Zeit, in der allen die Arbeitslosigkeit und die Wirtschaftskrise auf den Nägeln brennen, ihre Tagung unter das Motto stellen ‚Die sanfte Macht der Familie' und ein Konzept vertreten, das die Frauenerwerbsarbeit abwertet und die Familienarbeit der Frauen ideologisch aufwertet. Finanzielle Unterstützung, angemessene Bezahlung und sozialversicherungsrechtliche Regelungen für die Arbeit der Frau in der Familie stehen ebensowenig im Mittelpunkt der Diskussion wie Maßnahmen zur Überwindung der Arbeitslosigkeit, z.B. durch Arbeitszeitverkürzung. Finanzielle und psychische Probleme der Arbeitslosen werden genausowenig thematisiert wie eine Auseinandersetzung mit den Arbeitgebern oder den Liberalen gesucht wird über die Forderung, das Arbeitslosengeld zu senken und Karenztage im Krankheitsfall einzuführen.

Für die Lebensperspektive von Frauen und Mädchen bedeutet dieses Konzept ganz eindeutig, daß keine Maßnahmen beabsichtigt sind, um die Vereinbarkeit von Familie und Beruf besser zu ermöglichen, sondern im Gegenteil, die Maßnahmen zielen auf eine Ausformung der Rolle der Familienhausfrau und eine Verdrängung der Frauen aus der gleichberechtigten Teilnahme im Erwerbsleben.

4.2 Dualwirtschaft

Kritik am Wohlfahrtsstaat sozialdemokratischer Prägung äußern auch die Grünen und Alternativen. Sie finden eine relativ breite Resonanz in der Bevölkerung, besonders unter den Jugendlichen. In vielen grundsätzlichen Forderungen unterscheiden sich diese Gruppen essentiell von der CDU. So in der Ablehnung der Atomwaffen und der Kernkraftwerke, in der vehementen Forderung nach mehr Umweltschutz und mehr preiswerten Wohnungen in einem urbanen Lebensraum, im Engagement für den Frieden und in der Bekämpfung staatlicher Strategien, die die Bevölkerung in Bürger und Randgruppen auseinanderdifferenzieren. Auch ihr Verhältnis zum Parlamentarismus und zur repräsentativen Demokratie stimmt mit dem der etablierten Parteien nicht überein. Andererseits springen Ähnlichkeiten mit den Sozialausschüssen in der Auffassung über die Krise der Industriegesellschaft und des Wohlfahrtsstaates ins Auge. Auch in der Sicht der Grünen und Alternativen sind gesellschaftliche Vermassung, soziale Atomisierung und persönliche Orientierungslosigkeit, die viele Menschen empfinden, eine Auswirkung der hochtechnisierten Industriegesellschaft und der Übersozialisierung ‚von oben' durch zuviel Staatseingriffe in die Lebenswelt der Bevölkerung.

Ein Zitat aus einem wichtigen Aufsatz von Josef Huber, einem Theoretiker der Alternativbewegung, belegt diese Auffassung beispielhaft:

„Die neue Polarisierung resultiert aus einer verhängnisvollen Gemeinsamkeit, die das bürgerlich-liberale und das sozialistische Modell bei aller sonstigen Verschiedenheit haben. Beide waren industrialistische Modelle. Beide waren ‚epikureisch' inspiriert, hatten eine lustmaximierende Überflußgesellschaft als Leitbild und ein instrumentelles Verhältnis gegenüber natürlichen Umwelten und sozialen Milieus. Fortschritt und Lebensverbesserung wurden identifiziert mit der Ausdehnung und dem Wachstum der von Lewis Mumford so genannten ‚Mega-Maschine'. Diese ist gekennzeichnet durch eine Institutionen-Verflechtung, die von den Machtzentren in Parteien, Verbänden, Staat, Banken und Großindustrie bis zu den Periphierien reicht, durch harte Großtechnologien, berufliche Überspezialisierung (Expertokratie) und eine inflationäre Cash-and-Credit-Wirtschaft. Diese Merkmale, die zugleich auch als Kritikpunkte aufzufassen sind, weisen auf vier dahinterstehende Prozesse, die einander bedingen und in denen sich die Mega-Maschine bildet. Das System wächst

- durch *Vermarktung* bzw. durch *Institutionalisierung,* d.h. daß Tätigkeiten aus den Familien oder anderen Gemeinschaften ausgelagert und personenunabhängig bestehenden Einrichtungen übertragen werden (z.B. Kinderhüten wird von Familienangehörigen, Verwandten und Nachbarn auf den Kindergarten übertragen).
- durch *Professionalisierung,* d.h. daß die Ausübung der abgesonderten Tätigkeiten zur Aufgabe von Spezialisten (Experten) wird, die hierfür eine extra Ausbildung durchlaufen müssen. Dabei zeigte sich bisher eine unvermeidlich scheinende Tendenz zur Monopolisierung dieser professionellen Tätigkeiten,
- durch *Technisierung,* d.h. daß Techniken, Methoden und Wissenschaften entwickelt werden, über die immer ausschließlicher allein die eingeweihten Experten und Spezialisten verfügen können, unter Ausschluß der Laien;
- durch *Monetarisierung,* d.h. daß Arbeitsleistungen in diesem System gegen Geld erbracht und die erzeugten Güter und Dienste ge- und verkauft werden.

Das durch diese vier Prozesse sich bildende System wird ab einer bestimmten Schwelle *eigenständig* in dem Sinne, daß es unabhängig von einzelnen Personen oder einzelnen gesellschaftlichen Gruppen besteht. In entwickelter Form beruht das System darauf, daß die Personen wie Maschinenteile beliebig austauschbar sind ..."[45]

In dieser Kritik wird m.E. auf wichtige Merkmale einer hochtechnisierten und arbeitsteiligen Gesellschaft aufmerksam gemacht. Es wird aber zu wenig berücksichtigt, daß dieses ‚industrialistische Modell' zugleich die Armut breiter Schichten eindämmen konnte, daß die Arbeitslosenzahlen lange Jahre relativ niedrig blieben und daß die Kaufkraft und der Lebensstandard vieler Bevölkerungsgruppen erheblich gestiegen sind.

Gegen die oben kritisierten Entwicklungen in der Industriegesellschaft wollen Huber und andere eine Dualwirtschaft entwickeln, damit die zwischenmenschlichen Beziehungen nicht weiter durch die ‚Mega-Maschine' zerrissen werden. Ihnen geht es darum,

„möglichst viele Lebenstätigkeiten, die mit der fortschreitenden Institutionalisierung, Technisierung, Professionalisierung und Monetarisierung außer Haus gegangen sind, ganz oder teilweise wieder ‚heimzuholen', sei es in Form moderner ‚Heimarbeit' (die sich z.B. auch elektronischer Informations- und Kommunikationssysteme und teilautomatischer Werkzeuge bedient) oder als Eigenwirtschaft und Selbsthilfe privater Haushalte und lokaler Gemeinschaften – und zwar vom Gemüsepflanzen und von Handwerksarbeiten bis zur medizinischen Selbsthilfe, der Pflege Kranker und der Erziehung und Ausbildung."[46]

Unter dem Gesichtspunkt der geschlechtsspezifischen Arbeitsteilung ist bemerkenswert, daß es sich bei den Tätigkeiten, die Huber ins Haus oder in kleine Gemeinschaften verlagern möchte, weitgehend um diejenigen handelt, die den Frauen zugeschrieben sind und die von ihnen geleistet werden. Huber will diese

Arbeitsteilung aber nicht vertiefen. Er lehnt auch die Forderung nach Bezahlung von Haus- und Gemeinschaftstätigkeiten im sozialen Bereich ab. Eine Lösung sieht er nicht darin,

„Frauen für Kinderkriegen und die Hausarbeit zu bezahlen, sondern darin, die *Männer aus der Mega-Maschine heraus- und heimzuholen, um sie zu gleichen Teilen zur Hausarbeit, zum Kinderhüten, Krankenpflegen usw. heranzuziehen.* Es kommt darauf an, für Frauen und Männer im technoorganischen und im sozialen Bereich gleiche bzw. einander entsprechende Rechte, Verantwortlichkeiten und Freiheiten zu schaffen."[47]

Sozialgehälter für diejenigen, die im Sozialsystem arbeiten, lehnt Huber aus pragmatischen Gründen ab, weil dafür massive Steuererhöhungen notwendig wären.

„Folglich bleibt nur der Weg, für maximal viele Menschen, Männer und Frauen, Junge und Alte einerseits Arbeitsplätze im System bereitzuhalten, nicht zuletzt auch um möglichst viele Steuerzahler zu haben, die möglichst wenige Nicht-Erwerbstätige finanziell mittragen können, und andererseits Gelegenheiten zur Eigenarbeit zu schaffen, durch Bereitstellung von Geländen und Gebäuden, Werkstättenausrüstungen und entsprechenden Ausbildungsangeboten. Dies beinhaltet u.a. auch eine radikale Verkürzung und Differenzierung der tariflichen Arbeitszeiten und – dem muß man nüchtern ins Auge sehen – eine mehr oder minder entsprechende Verringerung der Geldeinkommen. Der Ausgleich kann nur in verstärkter gemeinschaftlicher Selbsthilfe und Eigenaktivität liegen. Dahinter verbergen sich allerdings verschärft Verteilungskämpfe und der Abschied von asozialen und bequemen Lebensgewohnheiten."[48]

Huber stellt selbst die entscheidende Frage in Hinblick auf diese Askese fordernden Konsequenzen:

„Wer aber ist schon zu so etwas freiwillig bereit?"

In diesem Konzept wird ähnlich wie in den Vorschlägen der CDU-Sozialausschüsse den unüberschaubaren, überwältigenden, kalten Großeinrichtungen dieser Gesellschaft eine Absage erteilt. Die Förderung kleiner Einheiten in Familie, Nachbarschaft und Produktionsgemeinschaften werden als eine Perspektive für eine lebenswertere Gesellschaft anvisiert. Das Leben soll verstärkt zurück ins Haus verlagert werden. Anstelle von kapitalintensiven sollen arbeitsintensive Techniken angewandt werden, die auch schonender mit den natürlichen Ressourcen umgehen. Selbstversorgung wird großgeschrieben.

Die Utopie von der kleinen Gruppe, der Familiengemeinschaft, in der das orientierungslose Individuum aufgehoben ist, beeindruckt das Gefühl und weckt Wünsche nach einer überschaubaren Welt, in der alles seinen festen Platz hat.

Es ist allerdings die Frage, ob die realistische und wünschenswerte Alternative zur Mega-Maschine, zum Individualismus und zur Schwierigkeit, seinen Platz in der Industriegesellschaft zu finden, die Rückkehr zu kleinen Gemeinschaften heißen kann:

„Man sucht nach der ‚guten' Gemeinschaft, um der ‚schlechten' Gesellschaft zu entrinnen. Zu diesem Werturteil gesellt sich eine richtiggehende Geschichtsmythologie, was die Entwicklung der Familienstrukturen betrifft. Erst aus den Arbeiten Philippe Ariès erfuhr man, daß die so oft beschriebene theoretische Entwicklung von der Großfamilie zur Kleinfamilie mitnichten der Realität entspricht. Es ist also garnicht möglich zu einer Form der Großfamilie *zurückzukehren.* Die Heraufkunft des Individuums war zwar global gesehen das zentrale Charakteristikum der Moderne, doch darf diese Entwicklung nicht an sich mit negativer Bedeutung belegt werden. Der Übergang von der *Gemeinschaft* zur *Gesellschaft* ist nicht gleichbedeutend mit der Verwandlung großmütiger Solidarität in allgemeinen Egoismus."[49]

Mit der Kritik an der Vereinzelung wird auch oft übersehen, daß die Freisetzung von traditionellen Bindungen vielfach als eine Befreiung empfunden wurde und als ein Sieg des Individuums gegenüber unterdrückenden Verhältnissen:

„Die Stadt hat sich als Markt- und damit gleichzeitig als Freiheitsraum durchgesetzt; sie macht freier, weil sie vielfältigere Möglichkeiten bot, weil sie das Individuum enterritorialisierte, indem sie es vom Boden unabhängig machte, an den es vorher gekettet war, und es dem immergleichen und erstickenden Kreislauf einer in sich geschlossenen Welt entriß. Es wäre illusorisch zu glauben, diese Bewegung sei abgeschlossen. Ganz im Gegenteil – das Verlangen nach Unabhängigkeit ist noch allenthalben lebend g. Ein Beleg dafür ist die Entwicklung der Frauenarbeit: Die Eingliederung in den Markt ist und bleibt die Bedingung für mehr Autonomie – trotz der damit verbundenen Ausbeutung."[50]

Von entscheidender Bedeutung für die Interessen von Frauen ist der Hinweis in dem Zitat, daß die Eingliederung in den Markt die Bedingung ist und bleibt für mehr Autonomie trotz der damit verbundenen Ausbeutung. Selbstverwirklichung im umfassenden Sinne gibt es weder in der Familienarbeit noch in der Berufsarbeit oder in der Kombination aus beidem. Aber die Erwerbsarbeit als ökonomische Grundlage und Qualifizierungsmöglichkeit bietet größere Dispositions- und Entscheidungsspielräume.

Die beiden Konzepte beinhalten nicht nur eine tendenzielle Absage an den Individualismus zugunsten der Selbstverwirklichung und Geborgenheit im Leben und Arbeiten in kleinen Gruppen, sondern beide stehen auch in der Gefahr, eine zweigeteilte Gesellschaft zu fixieren.

Der sanften Macht der Familie und der Mütterlichkeit wird die technokratische Gesellschaft, die brutale Erwerbsarbeitswelt, die Allmachtsphantasien der Macher entgegengestellt. Josef Huber sieht die Dualwirtschaft in zwei Teile zerfallen, in die Mega-Maschine der industrialistischen Gesellschaft, in das Techno-System auf der einen Seite und auf der anderen Seite in den sozialen Sektor der kleinen Netze, der gemeinschaftlichen Eigenarbeit und Selbsthilfe, in der Pflege, Erziehung und Versorgung praktiziert wird.

Die Arbeitsplätze im sanften Systemteil mögen mehr Geborgenheit vermitteln, die Menschen leben aber auch enger aufeinander, sie können weniger selbständig disponieren, die Arbeit ist zeit- und kraftintensiver als im tariflich geregelten anderen Bereich, die Tätigkeiten sind weitgehend abgekoppelt von dem anderen mächtigeren, die Gesellschaftsstrukturen bestimmenden Systemteil. Und diese sanfte Welt muß auch weitgehend von der anderen, der technokratischen finanziert werden.

Es besteht die große Gefahr, die Zerteilung der Gesellschaft zu vertiefen und schärfer als im Wohlfahrtsstaat sozialdemokratischer Prägung zwischen Privilegierten und Zukurzgekommenen zu differenzieren.

4.3 Hausfrauisierung der Arbeit

In den beiden eben kurz skizzierten Gesellschaftsvorstellungen wurde die Auffassung vertreten, daß wegen der hohen Arbeitslosigkeit die Familie oder die Arbeit in kleinen Gemeinschaften eine zunehmende Bedeutung gewinnen werden gegenüber dem traditionellen Arbeitsmarkt. Die Sozialwissenschaftlerin und Feministin Claudia von Werlhof untersucht diese Veränderung in der Arbeitsplatzstruktur und fragt, welche Auswirkung sie auf überkommene gesellschaftliche Leitbilder und Lebensverhältnisse hat. Sie sieht Gemeinsamkeiten in der Entwicklung der sogenannten Dritten Welt und der Industrienationen. Nach ihrer Auffassung handelt es sich bei der derzeitigen Veränderung in der Wirtschaftsstruktur und auf dem Arbeitsmarkt nicht bloß um eine gemäßigte strukturelle Verschiebung oder um eine Konjunkturkrise,

„sondern um den Beginn einer völlig neuen Phase kapitalistischer Entwicklung, von der keiner weiß, wie sie genau aussehen wird. Sie ist dadurch gekennzeichnet – und das ist es, was vor allem von Bedeutung ist – daß sie die ‚freie Lohnarbeit' mehr oder weniger abschafft ... Der Proletarier, die Säule des Kapitalismus, verschwindet."[51]

Freier Lohnarbeiter ist grundsätzlich jeder, der seinen Lebensunterhalt mittels Lohn oder Gehalt bestreitet.

„Dieser Typ des Lohnarbeiters stellt bei uns immerhin eine Art Mehrheit dar, er trug die Gesellschaft, die Demokratie, er war der Wähler, er war der Freie, Gleiche und Brüderliche, ihm galten die bürgerlichen und Menschen-Rechte, er war der angeblich gleichwertige und mündige Vertragspartner der Unternehmer, er war gesetzlich vor Willkür und Gewalt geschützt, sozial gesichert, permanent, wenn nicht lebenslang beschäftigt in Fabrik und Büro, er war gewerkschaftlich frei organisiert, und er erhielt einen Lohn, der für ihn und seine Familie auf einem durchschnittlichen Niveau der Lebenshaltung ausreichte: der Staatsbürger, der ‚Mensch', das Mitglied der Gesellschaft, das freie Individuum.

Alle Modernisierungstheorie, sowohl linke wie rechte und mittlere waren sich darin einig, daß dieser Typus von Arbeiter-Mensch verbreitet werden sollte und sich auch ausbreiten würde: Der ‚freie Lohn-Arbeiter' stellt das ‚Bild der Zukunft' für alle noch nicht Lohnarbeitenden und überhaupt den Rest der Menschheit dar. ... Auch die sog. Emanzipation der Frau bezieht sich darauf, daß Frauen eben solche ‚gleichen' quasi geschlechtsneutralen Lohnarbeiter werden."[52]

Der eben genannte Umstand, daß alle emanzipatorische Politik auf der Vorstellung vom ‚freien Lohnarbeiter' aufbaut, ist zur Analyse von Sozialpolitik von zentraler Bedeutung. Alle Gleichberechtigungspolitik, die Forderung nach Chancengleichheit, Antidiskriminierung, Vereinbarkeit von Familie und Beruf für Mann und Frau orientiert sich am Bild des ‚freien Lohnarbeiters', wie er in dem obigen Zitat in seinen sozialen und ökonomischen Bedingungen skizziert wurde.

Wenn der ‚freie Lohnarbeiter' zahlenmäßig nicht zunimmt, sondern tendenziell verschwindet, dann verflüchtigt sich die substantielle Grundlage für eine emanzipatorische Politik, durch die Chancengleichheit und soziale Gerechtigkeit verwirklicht werden sollen. Denn emanzipatorische Politik ist in unserem, durch die Aufklärung bestimmten Denken qua definitione auf die geistige und ökonomische Verselbständigung, die individuelle Unabhängigkeit von traditionellen, nicht durch die Vernunft und die Menschenrechte legitimierten Mächte gerichtet.

Vor diesem Hintergrund wird verständlich, daß Claudia von Werlhof

„weder den wirklich grundlosen Optimismus von Herrn Gorz noch von anderen Teilen der sog. Alternativbewegung (teilt d. V.), die meinen, mit der Lohnsklaverei sei nun auch die Sklaverei abgeschafft. Der Lohn wird abgeschafft, das stimmt."[53]

Sie betrachtet daher auch die publizistische Konjunktur des ‚informellen Sektors' und die Hoffnungen, die sich daran knüpfen, mit großer Skepsis:

„Es ist jener Bereich, in den die ehemaligen Proletarier abgeschoben werden, – Teilzeitarbeit, Kontraktarbeit, Saison- und Gastarbeiterarbeit, illegale Leiharbeit, sowie unentlohnte Arbeit wie die sog. Eigenarbeit, Schattenarbeit (Illich), Subsistenzwirtschaft und meist ‚vergessen' Hausarbeit, also generell (Lohn)Arbeit, die nicht ‚frei' ist. In der Debatte über diesen Sektor wird bisher tunlichst übersehen, daß er absolut nichts Neues ist."[54]

In die Diskussion kommt dieser Sektor immer stärker, weil er all die Menschen aufnehmen soll, die zunehmend überflüssig zu werden scheinen, weil sie nicht mehr als Lohnarbeiter verwendbar sind.

Die zentrale These des Aufsatzes von Claudia von Werlhof besagt, daß die Hausarbeit in diesem wachsenden Sektor das Modell der Arbeit ist und nicht die Lohnarbeit. Sie spricht deshalb von der Hausfrauisierung der Arbeit:

„Der Proletarier ist scheinbar frei, gleich, brüderlich usw. Die Hausfrau ist dessen Umkehrung. Sie ist ganz real unfrei, unfrei in jenem Doppelsinn, daß sie weder frei ist, Ort und Art ihrer Arbeit und ihres Arbeitsplatzes zu wählen oder zu wechseln, sie ist gebunden an Wohnung, Mann und Kinder, sie ist auch nicht frei von allen Produktionsmitteln, so daß sie lediglich ihre Arbeitskraft besäße, wie es in einem bestimmten Sinne beim Proletarier der Fall ist: Sie hat nämlich, was kein Mann hat und was in unserer Gesellschaft wie ein Produktionsmittel behandelt wird, ihre Gebärfähigkeit, außerdem hat sie den Mann als ‚Ernährer'. Auch die Arbeitszeit und Arbeitsbedingungen, Urlaub und Freizeit, all das ist bei der Hausfrau nicht geregelt, der Ehevertrag nicht mit dem Arbeitsvertrag vergleichbar. Es gibt kein Streikrecht, keine brüderliche oder schwesterliche Organisation der Hausfrauen: Sie sind individualisiert und atomisiert. Im Haushalt wacht niemand über Menschenrechte, vor Gewalt und Willkür wird nicht geschützt. Alle Menschen im Kapitalismus sind zwar eigentlich d. h. potentiell ‚Lohnarbeiter', real aber eher ‚Hausfrauen', industrielle Reservearmee, relative Überbevölkerung, relativ nämlich im Verhältnis zur vorhandenen Lohnarbeit."[55]

Aber verschwindet mit der überkommenen Form der ‚freien Lohnarbeit' nicht auch die uns bekannte Form der Hausarbeit? Dies ist nicht der Fall. Denn

„die Allroundaufgaben der Hausfrau haben letztlich das Ziel, menschliche Arbeitskraft herzustellen, lebendige Menschen. Es ist Menschenproduktion, im Gegensatz zur Produktion von Sachen. Die Hausfrau ist ‚spezialisiert' auf Menschen, der Lohnarbeiter auf Sachen. Das ist das Geheimnis, warum die Hausarbeit als Modell organisierter Arbeit nicht verschwinden wird zusammen mit der (freien) Lohnarbeit."[56]

Aus dieser Form der geschlechtsspezifischen Arbeitsteilung zieht Claudia von Werlhof andere Schlüsse als das CDA-Programm über die Macht der Frauen.

Gerade weil die Frau im Gegensatz zum freien Lohnarbeiter ein Produktionsmittel besitzt, nämlich ihre Gebärfähigkeit, muß sie unter der Kontrolle und Gewalt des Kapitals bleiben; den Frauen wurde ihre Macht, ihre Ökonomie, ihr Wissen entrissen, damit sie bereit wurden, die entwürdigende Rolle der Hausfrau einzunehmen.

„300 Jahre Hexenverfolgungen waren – parallel zur Kolonisierung der Welt – nötig, um den Frauen – wie den Farbigen – ihre Macht, ihre Ökonomie und ihr Wissen zu entreißen, aus ihren Hirnen und Gefühlen zu löschen, was je an Bewußtsein daran übrig war, und sie – fortgesetzt im häuslichen Erziehungsprozeß – von Geburt an, von Generation zu Generation, von Tag zu Tag erneut zu ‚sozialisieren', in das zu zwingen, was sie heute sind: Hausfrauen und ‚Unterentwickelte'. Die Hausfrau ist das keineswegs natürliche Kunstprodukt und Endprodukt einer unvorstellbar gewalttätigen Entwicklung, auf der unsere Gesamtökonomie, unser Recht, unser Staat, unsere Wissenschaft, Kunst und Politik aufbauen, die Familie, das Privateigentum, sämtliche modernen Institutionen."[57]

Die jahrhundertelage Vergewaltigung der Frau hat ein weibliches Arbeitsvermögen hervorgebracht, das keiner Qualifizierung bedarf, nichts kostet und außerordentlich nützlich ist für den Kapitalismus und das Patriarchat:

„Alles, was Frauen tun, muß Frucht bringen, und diese muß gratis sein, wie die Luft zum Atmen. Das gilt nicht nur für die Kinder, sondern auch für die sonstige Haus- und Lohnarbeit, die zusätzliche emotionale Zuwendung an die Kollegen, die Freundlichkeit, die Unterwürfigkeit, das Immer-zur-Verfügung-Stehen, das Alle-Wunden-Heilen, das sexuell-nutzbar-Sein, das Alles-wieder-in-Ordnung-Bringen und sich-verantwortlich-Fühlen, das sich-Aufopfern, die eigene Bedürfnislosigkeit und Anspruchslosigkeit, das Verzichten für andere, das Ertragen von allem, das Einspringen-können-für-alles, das sich-Zurückziehen, das Unsichtbar-Sein und das Immer-Dasein, das Passiv-Bereitstehen und das Aktiv-die-Karre-aus-dem-Dreck-Ziehen, das Phantasie-Haben und das Emotional-Sein, das Durchhalten und die Disziplin wie bei einem Soldaten. All das macht das weibliche Arbeitsvermögen aus. Es ist komplett. Es ist das allgemeinste und umfassendste, weil die Gesamtperson einbeziehende und mobilisierende, Arbeitsvermögen, das vorstellbar ist."[58]

Claudia von Werlhof vertritt die These, daß die Umstrukturierung unserer Wirtschaft den Versuch beinhaltet, dieses weibliche Arbeitsvermögen soweit wie möglich auch den Männern anzuerziehen und aufzuzwingen.

„Denn der Lohnarbeiter macht zu wenig und kann zu wenig. Er kann nur tun, was bezahlt wird und was vertraglich vereinbart wurde. Er tut nichts darüber hinaus, und er hat keine Ahnung von der Menschenproduktion."[59]

Werden sich die Männer gegen die ihnen zugemuteten ‚hausfrauisierten' Arbeitsbedingungen wehren und erkennen, daß sie diesen Kampf im Bündnis mit den Frauen aufnehmen müssen?

Claudia von Werlhof bezweifelt, daß sich die Männer gemeinsam mit den Frauen gegen den Abbau des Sozialstaates wehren. Sie nimmt an, daß die Männer die neuen Bedingungen akzeptieren werden, „wenn sie dafür garantiert bekommen, die Kontrolle über die Frauen weiterhin zu behalten."[60]

Claudia von Werlhofs Schlußfolgerungen aus ihrer Analyse stimmen wenig hoffnungsvoll:

„Die sog. Weltmarktfabriken in der 3. Welt und die Vertragsproduktion in der Stadt und auf dem Lande geben uns einen Vorgeschmack von unserer Zukunft: Kasernenartig und militärisch organisierte Teil-Lohnarbeit in den Fabriken, plus kollektive, nicht über Löhne, sondern Kredite regulierte Zwangsarbeit auf dem Lande und das unter Zugrundelegung des Individualgefängnisses Kleinfamilie."[61]

Es scheint logisch schlüssig zu sein, daß die ‚hausfrauisierten' Verhältnisse der Dritten Welt auch in der Ersten Welt Platz ergreifen werden, wenn der ‚freie Lohnarbeiter' tendenziell verschwindet. Aber ich habe Bedenken gegen diese Folgerungen, weil Claudia von Werlhof diese Perspektive so ungebrochen vorträgt. In der Beschreibung der Perspektive kommt m. E. nicht in den Blick, daß es in den westlichen Industrienationen z. B. seit Jahrzehnten starke Gewerkschaftsbewegungungen gibt, die sich ihre sozialpolitischen Errungenschaften nicht kampflos aus der Hand schlagen lassen werden. Auch der Staat wird aufgrund seines Selbsterhaltungsinteresses ähnlich wie die Parteien nur die sozialpolitischen Errungenschaften abbauen oder in Frage stellen, die nicht durch starke pressure groups gestützt werden.[62]

Zu befürchten ist allerdings, daß sich die männlichen ‚freien Lohnarbeiter' der westlichen Industrienationen in ihrer Politik von der Auffassung leiten lassen, daß sie ihren Lebensstandard und ihren sozialen Status nur dann annäherungsweise halten können, wenn sie mit dem Kapital gemeinsam die Frauen in den Industrienationen und die Arbeitskräfte in der Dritten Welt ausbeuten und unterdrücken. Es ist auch wahrscheinlich, daß die Bevölkerungsgruppen, die nicht zur Kerngruppe der männlichen Facharbeiter, Angestellten und Beamten gehören, nur noch in ‚hausfrauisierten' Arbeitsverhältnissen ein Unterkommen finden.

Zu vermuten ist also eine Zweiteilung der Gesellschaft in diejenigen mit qualifizierten, gut bezahlten und sozial abgesicherten Arbeitsplätzen als ‚freie Lohnarbeiter' und der zunehmenden Zahl der im ‚hausfrauisierten', informellen Sektor Tätigen.

Eine Alternative zur Hausfrauisierung der Arbeit skizziert Claudia von Werlhof am Schluß ihres Artikels nur mit wenigen Worten:

„Eine Alternative ist nur in Sicht, wenn wir es schaffen, auf die Dauer nicht einfach nur den Lohn, sondern viel mehr, nämlich die Produktionsmittel wieder zu bekommen, ohne dafür ‚am Draht' zu hängen, damit wir für unsere eigene autonome Existenz arbeiten können. Dazu brauchen wir allerdings nicht nur keine Proletarier, sondern auch keine Hausfrauen."[63]

In dieser knappen Skizze einer Alternative wird etwas über das Ziel, aber wenig über Mittel und Wege angedeutet. Der Form nach lassen sich Gemeinsamkeiten mit den beiden vorher diskutierten Konzepten feststellen. Claudia von Werlhof kann sich die Alternative zur Hausfrauisierung der Arbeit nur als eine Form vorstellen, in der „wir für unsere eigene autonome Existenz arbeiten." Sie will erreichen, daß sich die Frauen wieder ihr Wissen, ihr Können und damit ihre Macht aneignen und daß sie die Produktionsmittel in die Hände bekommen.

Es ist offensichtlich eine verbreitete Auffassung, die in der Frauenbewegung auch auf den Erfahrungen mit Projektarbeit und der Auseinandersetzung mit dem Staat und den etablierten Mächten um die Reformierung des § 218 und um die Finanzierung von Selbsthilfeprojekten fußt, lieber auf die eigene Kraft zu setzen. Anstelle des Gangs durch die Institutionen und der Abhängigkeit vom fürsorglichen und repressiven Staatsapparat und den industriellen Machtzentren soll das Leben in die eigenen Hände genommen werden. Ohne Zweifel schafft die Arbeit in kleinen Gruppen und Projekten in einer sozialen Bewegung Selbstvertrauen, sie eröffnet neue Perspektiven und kann Lebensvorstellungen formen. Aber ich halte es für eine gefährliche Illusion, die Auffassung zu vertreten, Frauen könnten sich in dieser hochtechnisierten, vernetzten Industriegesellschaft, die von den Zentren her gesteuert wird, eine autonome Existenz schaffen.

Die Analyse von Claudia von Werlhof über die Wirtschaftskrise weist, wenn man sie auf die Lebenssituation von Mädchen und jungen Frauen bezieht, radikal, logisch und konsequent darauf hin, daß sich die ökonomischen, sozialstrukturellen Grundlagen für eine Gleichberechtigungspolitik und damit die Integration von Frauen in die ‚freie Lohnarbeit' zunehmend verflüchtigen und brüchiger werden.

4.4 Fazit

Die Aussichten der Mädchen und jungen Frauen in den achtziger und neunziger Jahren dieses Jahrhunderts Erwerbsarbeit zu finden, die ihren Qualifikationen und Interessen entsprechen, verschlechtern sich zunehmend. Denn die Zahl der Erwerbsarbeitsplätze verringert sich weiter, während zugleich das Erwerbspersonenpotential steigt. Die hohe strukturelle Arbeitslosigkeit, die aus diesen Faktoren resultiert, trifft nicht nur die Problemgruppen am Arbeitsmarkt. In zunehmendem Maße werden auch die männlichen Facharbeiter, Angestellten und die Hochschulabsolventen davon betroffen. Mit der Novellierung des Arbeitsförderungsgesetzes (AFG), jetzt AFKG, sind die staatlichen Instrumente zur Förderung und Qualifizierung des Arbeitskräfteangebots erheblich eingeschränkt worden. Verbleibende Mittel und Instrumente werden sich unter diesen Umständen immer mehr auf die Qualifizierung und Vermittlung der männlichen Arbeitnehmer aus der Kerngruppe des Arbeitsmarktes konzentrieren.

Die Chancen werden so immer geringer, Frauenförderungsprogramme, Ausbildungsplätze für Mädchen, Wiedereingliederungsmaßnahmen für Hausfrauen und andere Instrumente zur positiven Diskriminierung durchzusetzen und zu finanzieren.

Alle Berechnungen und Analysen weisen darauf hin, daß diese Arbeitsmarktkrise als langfristig eingeschätzt werden muß. Die Vollbeschäftigungsperiode ist zu Ende.

Eine Antwort auf diese Krise ist das Abtreten des sozialdemokratischen

Wohlfahrtsstaates. Er kann nicht mehr finanziert werden, das ist Konsens unter den herrschenden Gruppen und Parteien. Aber sein Konzept der staatlichen Fürsorge, um Chancengleichheit und soziale Gerechtigkeit zu verwirklichen, stößt auch immer weniger auf Resonanz bei den alten und neuen Mittelschichten. Die Reformhoffnungen sind schal geworden.

Die Kosten der ‚Modernisierung der Volkswirtschaft' scheinen vielen Bürgern inzwischen zu hoch. Umweltzerstörung und Planungsarroganz beim Zerschneiden gewachsener ökologischer und sozialer Zusammenhänge hat zu einer Abkehr von den Reformhoffnungen und von der Strategie, den Marsch durch die Institutionen zu versuchen, geführt. Sicherlich wurden und werden Staatsverdrossenheit und Enttäuschung über die praktische Politik der Reformer dadurch verstärkt, daß die Versprechungen des sozialdemokratischen Wohlfahrtsstaates – Vollbeschäftigung, Bildungsreform, mehr Demokratie wagen – nicht eingehalten wurden.

Der Staat erweist sich zunehmend als weniger kooperativ und fürsorglich. Er wird im Gegenteil eher als repressiv, ungerecht und phantasielos erfahren. Arbeitslosigkeit, Berufsnot der Jugendlichen, innenpolitische Unruhen und Kriegsangst prägen das Bild der Republik.

Eine mögliche Perspektive suchen viele Menschen und soziale Bewegungen derzeit verstärkt in Bindungen und Bezügen, die Geborgenheit vermitteln sollen und die das Engagement des Einzelnen in der Gemeinschaft für ein überschaubares, sinnvolles Ziel erhoffen lassen. Thematisiert werden Bindungen und Bezüge, die dadurch gekennzeichnet sind,

> „daß sie Menschen auf einen spezifischen Sozialbeziehungen und Herrschaftsentscheidungen transzendenten, dem raschen historischen Wandel entrückten Ankergrund beziehen, wobei diese Beziehungen selbst sich natürlich in langen historischen Wogenrhythmen ändern."[64]

Bindungen und Bezüge in und auf die Region (Regionalismus, Heimatgefühl), Landschaft (Kampf gegen Zerstörung der natürlichen und urbanen Umwelt; ökologischer Ackerbau), Gemeinde (Bürgerinitiativen, Wählergemeinschaften, Nachbarschaftsfeste, Nachbarschaftshilfe), lokale Geschichte (mündliche Geschichtsschreibung), Familie (Familiensinn, Hausgeburt, Stillgruppen, sanfte Macht der Familie) erlangen verstärkt Bedeutung und werden als das wesentliche Element des Lebens angesehen und verteidigt.

In diesem Kontext wird verständlich, daß die Prinzipien Chancengleichheit, Antidiskriminierung, Quotierung etc. ihre vorwärtstreibende Kraft für politisches Handeln und soziale Bewegungen verlieren. Selbstverwirklichung und Autonomie in unverwechselbaren Gemeinschaften wird zu einem Movens für Engagement und Arbeitseinsatz.

Schichten- und geschlechtsspezifische Unterschiede in der Teilhabe an Bildungs- und Berufschancen werden unter solchen Bedingungen eher akzeptiert als bekämpft. Die traditionellen Aspekte der Geschlechtsrolle gewinnen wieder an Attraktivität.

IV. Schlußbemerkung

In dieser Expertise wurde die Wirkung des Abbaus sozialstaatlicher Maßnahmen auf Mädchen skizziert. Es wurde dargestellt, daß im öffentlichen Bewußtsein die Tendenz vorherrscht, statt Chancengleichheit und sozialer Gerechtigkeit, Selbsthilfe in kleinen Gruppen und die Einschränkung von staatlichen Sozialleistungen zu fordern. Diese Entwicklung enthält m.E. keine positiven Aspekte für die Lebenssituation von Mädchen und jungen Frauen. Denn es steht zu erwarten, daß sich ohne kompensatorische sozialstaatliche Maßnahmen die geschlechtsspezifische Arbeitsteilung rigide verschärft und daß sich die Lebensperspektive einer rapide zunehmenden Zahl junger Frauen auf die Tätigkeiten der Hausgehilfin und der lebenslangen Hausfrau und Mutter verengt. Die hohe Arbeitslosigkeit, sinkende Einkommen bei steigenden Lebenshaltungskosten und Einsparungen in der sozialen Infrastruktur bewirken, daß es nicht weniger Arbeit, aber wesentlich weniger Lohnarbeit geben wird. Die unbezahlten Arbeitsleistungen der Frauen nehmen erheblich zu. Die Probleme der Mädchen aus Elternhäusern mit geringem Einkommen und geringem Bildungsniveau verschärfen sich besonders stark. Sie stehen vorrangig in der Gefahr, ohne unterstützende Angebote und Ermutigung gar nicht um Ausbildungsplätze oder eine akzeptable Erwerbsarbeit zu kämpfen. Sie streben nur noch Ehe und Familie an, weil sie glauben, dann versorgt zu sein.

Ich sehe kaum Chancen, daß sich die jungen Frauen erfolgreich gegen die ihnen zugemutete Lebensperspektive zur Wehr setzen können, obgleich nachgewiesenermaßen die Berufsorientierung zunimmt. Denn die Mädchen selbst, ihre Eltern, Erzieher(innen), Lehrer(innen), Gewerkschafter(innen) und Politiker(innen) haben noch zu wenig gelernt, Fraueninteressen zu formulieren und kämpferisch dafür einzutreten. Dieser Mangel ist wesentlich dadurch bedingt, daß die patriarchalische Gesellschaft widersprüchliche Rollenanforderungen an Frauen stellt – Familienhausfrau oder Vereinbarkeit von Familie und Beruf für Mann und Frau – und daß sich die Frauen selbst aus diesem Dilemma noch nicht befreien konnten. Sie lassen sich eher spalten und gegeneinander ausspielen. Auch die autonome Frauenbewegung ist in der Frage, wie die geschlechtsspezifische Arbeitsteilung aufgehoben werden kann und wie die Frauen mehr Macht in dieser Gesellschaft erlangen können, uneins und zu wenig durchsetzungsfähig, als daß sie die Mädchen erfolgreich unterstützen und ermutigen könnte.

Trotz dieser skeptischen Einschätzung möchte ich abschließend noch einige Forderungen formulieren. Hierbei ist allerdings einschränkend darauf hinzuweisen, daß die meisten Konezpte des sozialdemokratischen Wohlfahrtsstaates, die auf Zuwächsen in der Wirtschaft basieren, nicht mehr durchsetzbar sind.

Es muß darauf gedrängt werden, daß die öffentlichen und privaten Arbeitgeber genügend Ausbildungsplätze für die junge Generation zur Verfügung stellen. Für besonders benachteiligte Gruppen und Regionen muß der Staat auch spezielle Förderungsprogramme durchführen, um die Berufsnot der Jugendlichen zu beheben. Denn trotz des Rückgangs an Erwerbsarbeitsplätzen muß die nachwachsende Generation qualifiziert auf das Berufsleben vorbereitet werden. Mädchen muß der Zugang zu zukunftsorientierten Ausbildungen in technisch-gewerblichen, kaufmännischen und Verwaltungsberufen gesichert werden. Eine geschlechtsspezifische Quotierung der Ausbildungsplätze in diesen Bereichen scheint mir der einzig gangbare Weg zu sein, damit die Mädchen sich eine realistische Chance auf eine qualifizierte Ausbildung ausrechnen können.

Ausbildung und Berufsorientierung verlieren ihren Sinn, wenn keine Chance gesehen wird, das Gelernte umzusetzen. Es stellt sich die Frage, wie die Sozialpolitik auf die Differenz zwischen dem steigenden Erwerbspersonenpotential und dem Rückgang im Angebot an Erwerbsarbeitsplätzen so antworten kann, daß die Berufsorientierung einer zunehmenden Zahl von jungen Mädchen nicht verloren geht.

Derzeit ist Ausdruck dieser Differenz die hohe Arbeitslosigkeit, berufliche und persönliche Desorientierung und Resignation von Jugendlichen und die steigende Tendenz, die Frauen aus der Erwerbsarbeit zu drängen. Es wurde in dieser Expertise immer wieder darauf hingewiesen, daß alle eingeleiteten Maßnahmen der Regierungen in Bund und Ländern darauf hinwirken, die Bevölkerung aufzuspalten in eine (männliche) Kerngruppe des Arbeitsmarktes; in Personen, in der Mehrzahl Frauen, in unsicheren, schlecht bezahlten Erwerbsarbeitsverhältnissen; in Arbeitslose; in Hausfrauen; Sozialhilfeempfänger etc. Die Mehrzahl der Bevölkerung wird zunehmend in ‚hausfrauisierte' Verhältnisse gedrängt, die sie von der politischen und gesellschaftlichen Macht und einer eigenständigen Lebensführung mit einem erträglichen Auskommen weitgehend ausschließt.

Um dieser Aufspaltung (Segmentierung) der Bevölkerung in verschiedenen Lebensbereichen entgegenzuwirken, sind eine Vielzahl von Maßnahmen notwendig, die eine Durchlässigkeit zwischen der Erwerbsarbeit, der Familienarbeit, Selbsthilfetätigkeiten, Subsistenzwirtschaft, ehrenamtlichen Tätigkeiten und der Teilnahme an Bildungsveranstaltungen ermöglichen. Die Durchlässigkeit erfordert nicht unbedingt höhere finanzielle Aufwendungen des Staates und der Solidargemeinschaft als es die Finanzierung der Arbeitslosigkeit, der Sozialhilfe und der Steuervergünstigungen für hohe Einkommen erfordert. Die Durchlässigkeit ist angewiesen auf politische und administrative Phantasie in der Arbeitszeitgestaltung, in der Anspruchssicherung auf einen Erwerbsarbeitsplatz und in der sozialversicherungsrechtlichen Gestaltung.

M.E. ist es vorrangig notwendig, über Änderungen im Sozialversicherungssystem nachzudenken. Denn dieses schützt den freien Lohnarbeiter und seine Familie in einem gewissen Umfang im Krankheitsfall, im Alter und bei Arbeitslosigkeit. Dies reicht aber für die Zukunft nicht aus, denn die freie Lohnarbeit wird weniger und die Verselbständigung der Frauen nimmt zu. Unter diesen Aspekten müssen Formen der sozialen Sicherung gefunden und durchgesetzt werden, die das Individuum bei Krankheit, Alter und außerhalb der freien Lohnarbeit schützen, unabhängig davon, ob es Lohnarbeit, Familienarbeit, Selbsthilfearbeit, ehrenamtliche Tätigkeiten etc. leistet.

Besonders für die Lebensperspektive von (jungen) Frauen ist die Durchlässigkeit der Lebensbereiche und ein familienunabhängiger, individueller Versicherungsschutz notwendig, damit sie nicht nur auf die Ehe als Garant der ökonomischen und sozialen Sicherung zurückgeworfen werden.

Anmerkungen

Aus der vielfältigen Literatur, die die Benachteiligung der Frauen am Arbeitsplatz belegen, sei hier nur auf folgende Untersuchungen und Sammelbände verweisen:

Epping, K. u.a.: Unter Wert verkauft, Frauenarbeit heute, 1979 (Sammelband)

Langkau, J.: Lohn- und Gehaltsdiskriminierungen von Arbeitnehmerinnen in der Bundesrepublik Deutschland, Bonn 1979

Erwertätige Frauen im Spannungsfeld von Beruf und Familie, WSI Mitteilungen H 4/1981

Frauen als bezahlte und unbezahlte Arbeitskräfte, Beiträge zur 2. Sommeruniversität der Frauen, Okt. 1977, Hrsg. *Dokumentationsgruppe der Sommeruniversität,* Berlin 1978

Offe, Hinrichs: Sozial-Ökonomie des Arbeitsmarktes und Lage ‚benachteiligter' Gruppen von Arbeitnehmern, S. 3 - 61, in Offe (Hrsg.): Opfer des Arbeitsmarktes, Neuwied 1976 dort Verweis auf andere Arbeitsmarktforscher, die von dem Problemgruppenansatz ausgehen

Dohse: Von der Ausländerdiskriminierung zu einer Antidiskriminierungspolitik, S. 275 ff., in *Hassemer* u.a. (Hrsg.): Grundrechte und soziale Wirklichkeit, Baden-Baden 1982

1 I. *Kurz-Scherf;* B. *Stahn-Willig:* Gleiche Arbeit! Gleicher Lohn – und wer macht die Hausarbeit, S. 213 in: Erwerbstätige Frauen im Spannungsfeld . . ., S. 212-222

2 *Eckart,* Ch.; *Jaehrich,* U.; *Kramer,* H.: Frauenarbeit in Familie und Fabrik. Eine Untersuchung von Bedingungen und Barrieren der Interessenwahrnehmung von Industriearbeiterinnen, Frankfurt – New York 1979, ins. S. 33ff.

3 siehe dazu auch *Limbach*, Jutta: Das Eheleitbild in der Jurisprudenz, in: Lebenswelt und soziale Probleme, Verhandlg. des 20. Dt. Soziologentages 1980, hrsg. von Joachim *Matthes,* S. 441 ff.

4 Rentenreform 1984: Neue Probleme schaffen, ohne die alten zu lösen? Stellungnahme zu den Vorschlägen der Kommission für die soziale Sicherung der Frau und der Hinterbliebenen, in: DIW Wochenbericht, 40 - 41/79

5 *Adamy,* W./*Kiewel,* A.: Gleichberechtigung durch Gesetz? – Notwendigkeit und Grenzen eines Antidiskriminierungsgesetzes, S. 259f. in: Erwerbstätige Frauen im Spannungsfeld . . . S. 257-269
6 Dritter Familienbericht der *Bundesregierung, Bundestagsdrucksache* 8/3121
7 Wahlbroschüre der CDU in der Berliner Wahl 1979
8 *Eckert,* R.: Geschlechtsrollen im Wandel geschlechtsspezifischer Arbeitsteilung, insbe. S. 254ff., in Eckert, R. (Hrsg.): Geschlechtsrollen und Arbeitsteilung, München 1979
9 siehe dazu ausführlicher und mit Literaturangabe die ersten Abschnitte im dritten Kapitel „Perspektiven für die achtziger Jahre" dieser Expertise
10 *Czayka:* Doppelstrategie gegen die Arbeitskosigkeit, in: DIE ZEIT Nr. 13, 26.3.1982
11 ebda.
12 ebda.
13 so z.B. Forderungen des Kieler *Instituts für Weltwirtschaft;* Artikel in der *Frankfurter Allgemeinen Zeitung* (FAZ), 17.12.1981
14 so z.B. Forderungen der *Bundesvereinigung der Arbeitgeberverbände* zur Straffung des Systems der sozialen Sicherheit; Bericht in der FAZ, 10.12.1981
15 *Reifenrath,* Roderich: Brauchen auch ‚Bodenturner' ein sicherndes Netz? Bei den 12. Bitburger Gesprächen gab es massive Kritik am Zustand des Sozialstaates, in: *Frankfurter Rundschau* (FR), 16.1.1982
16 Den Mittelstand zur Geschlossenheit aufrufen, Bericht über den Bundeskongreß der Mittelstandsvereinigung der CDU/CSU in der FAZ, 19.4.1982
17 Dann ist ein Banküberfall ein Kreditgeschäft. Eine Philippika von Norbert Blüm gegen eine falsche Sozialstaatspolitik; Diskussionsbeitrag von Norbert Blüm auf dem CDU-Parteitag, abgedruckt in der FAZ, 6.11.1981
18 *Gerhard,* U.; *Metz,* R.: Bonn drängt Frauen am Arbeitsmarkt ins Aus; Sparpaket verschärft Ungleichheit der Chancen, in: FR, 27.1.1982
19 ebda.
20 *Hensmann,* Marie-Luise: Die letzte Chance verbaut, Bonn will bei der Unterstützung für arbeitslose Jugendliche sparen, in: DIE ZEIT, Nr. 51, 11.12.1981
21 *Bunzenthal,* Roland: Schnitt bei der Sozialhilfe. Der Staat vergreift sich bei den Ärmsten, in FR, 12.12.1981
22 ebda.
23 *Rommel:* Wir müssen die Steuern erhöhen, in: FAZ, 15.1.1982
24 *Voigt,* Rüdiger: Sozialpolitik zwischen Verrechtlichung und Entstaatlichung, S. 69f., in Levianthan 1/81, S. 62-85
25 dpa: Viele Eltern müssen mehr für den Kindergarten zahlen: in: FAZ, 5.12.1981
26 Volkshochschulen langen kräftig zu, in: FR, 4.3.1982
27 Zerstörung fortschrittlicher Volkshochschularbeit, Erklärung zum neuen bildungspolitischen Konzept an der Volkshochschule Frankfurt, in: Dokumentationsseite der FR vom 5.4.1982
28 Baden-Württemberg kürzt Familienhilfe, in: FAZ, 31.12.1981
29 *Bieber,* Horst; *Spörl,* Gerhard: Die Letzten beißen die Hunde; Kommunalpolitik unter dem Diktat leerer Kassen: Bürgernähe gerät den Verwaltern zur Pein, in: DIE ZEIT, 18.12.1981
30 Der Arbeitsmarkt 1982, in: Mitteilungen aus der Arbeitsmarkt- und Berufsforschung, S. 3, 1/82
31 ebda. S. 5
32 Fast drei Millionen Arbeitslose in den 90iger Jahren, in: FR, 24.4.1982
33 Mitteilungen, a.a.O., S. 6
34 „Die Zahl der arbeitslosen Männer belief sich Ende Sept. 1981 auf 613.300, das waren 67 % mehr als ein Jahr zuvor. Bei den Frauen erhöhte sich die Arbeitslosenzahl im gleichen Zeitabschnitt um 41 % auf 640.100." Amtliche Nachrichten der Bundesanstalt für Arbeit, 3/82, S. 264
35 Mitteilungen, a.aO., S. 5f.

36 ebda., S. 6
37 dieser Zusammenhang wird analysiert in der Studie *Offe, Claus; Hinrichs:* Sozial-Ökonomie . . .
38 *Matthöfer,* Hans: Mancher vergaß, daß unser Wohlstand auf Arbeit beruht, in: FR, 17.5.1982, S. 14f.
39 Dann ist ein Banküberfall ein Kreditgeschäft. . . . Ein Diskussionsbeitrag von Norbert Blüm . . . a.a.O.
40 *Esser,* Lutz: Nachwort, in: Die sanfte Macht der Familie, S. 190, 19. Bundestagung der Sozialausschüsse der Christlich-Demokratischen Arbeitnehmerschaft, 9. - 11.10.1981 in Mannheim; Leitsätze, Entschließungen, Referate, Stimmen, Diskussionen, Bilder, CDA-Verlagsgesellschaft (Hrsg.), Königswinter 1982
41 *Keller,* Suzanne: Die weibliche Rolle: Konstanten und Wandel, in: *Franks,* V.; *Burtle,* V. (Hrsg.): Frauen und Psychotherapie, Fragen-Probleme-Modelle, S. 464, München 1979. Aus dem Amerikanischen übersetzt von C. Brandl und M. Müller, S. 445-476
42 ebda. S. 465
43 ebda. S. 470f.
44 ebda. S. 471
45 *Huber,* Josef: Anders arbeiten — anders wirtschaften, Die Zukunft zwischen Dienst- und Dualwirtschaft, S. 18-20; in: ders. (Hrsg.), Anders arbeiten — anders wirtschaften, Dualwirtschaft: Nicht jede Arbeit muß ein Job sein, S. 17-36, Ffm 1979
46 ebda. S. 24
47 ebda. S. 31
48 ebda. S. 33
49 *Rosenvallon,* Pierre: Nach der Sozialdemokratie, Die Kosten der Solidarität der Gesellschaft auf der Suche nach sich selbst, S. 68, in: Freibeuter 11, Vierteljahreszeitschrift für Kultur und Politik, 1982
50 ebda. S. 68
51 *Werlhof,* Claudia von: Die Krise, Hausfrauisierung der Arbeit, S. 35, in: Courage, aktuelle Frauenzeitung, 3/82, S. 34-43
52 ebda. S. 36
53 ebda. S. 36
54 ebda. S. 37
55 ebda. S. 39
56 ebda. S. 41
57 ebda. S. 42
59 ebda. S. 42
60 ebda. S. 43
61 ebda. S. 43
62 dazu ausführlicher, insb. S. 84 Voigt, R.: Sozialpolitik zwischen Verrechtlichung . . . a.a.O.
63 *Werlhof,* C. v.: Hausfrauisierung . . . a.a.O. S. 43
64 *Dahrendorf,* Ralf: Lebenschancen, S. 108, Ffm. 1979

Literaturverzeichnis

Adamy, W.; *Kiewel,* A.: Gleichberechtigung durch Gesetz? – Notwendigkeit und Grenzen eines Antidiskriminierungsgesetzes. S. 259/60 in: Erwerbstätige Frauen im Spannungsfeld von Familie und Beruf, WSI Mitteilungen 4/81, S. 257-269

Autorengemeinschaft, Der Arbeitsmarkt 1982, in: Mitteilungen aus der Arbeitsmarkt- und Berufsforschung 1/82, S. 1-8

Bieber, Horst; *Spörl,* Gerhard: Die Letzten beißen die Hunde; Kommunalpolitik unter dem Diktat leerer Kassen: Bürgernähe gerät den Verwaltern zur Pein, in: Die Zeit vom 18.12.1981

Blüm, Norbert: Dann ist ein Banküberfall ein Kreditgeschäft, in: FAZ, 6.11.1981

Bundesanstalt für Arbeit: Amtliche Nachrichten der Bundesanstalt für Arbeit 3/82

Bunzenthal, Roland: Schnitt bei der Sozialhilfe, Der Staat vergreift sich an den Ärmsten, in FR vom 12.12.1981

CDA-Verlagsgesellschaft (Hrsg.): Die sanfte Macht der Familie; 19. Bundestagung; Sozialausschüsse der Christlich-Demokratischen Arbeitnehmerschaft, 9 - 11.10.1981 in Mannheim;

Leitsätze, Entschließungen, Referate, Stimmen, Diskussionen, Bilder, Königswinter 1981

Czayka, Lothar: Doppelstrategie gegen Arbeitslosigkeit, in: Die Zeit vom 26.3.1982

Dahrendorf, Ralf: Lebenschancen, Anläufe zur sozialen und politischen Theorie, Ffm. 1979

Dohse: Von der Ausländerdiskriminierung zu einer Antidiskriminierungspolitik, S. 275 ff. in: Hassemer u.a.: Grundrechte und soziale Wirklichkeit, Baden-Baden 1982

Dritter Familienbericht der Bundesregierung, Bundestagsdrucksache 8/3121

Eckart, Ch.; *Jaehrich,* U.; *Kramer,* H.: Frauenarbeit in Familie und Fabrik. Eine Untersuchung von Bedingungen und Barrieren der Interessenwahrnehmung von Industriearbeiterinnen, Frankfurt – New York 1979

Eckert, Roland: Geschlechtsrollen im Wandel geschlechtsspezifischer Arbeitsteilung, S. 254 ff. in: Roland Eckert (Hrsg.): Geschlechtsrollen und Arbeitsteilung, München 1979

Frauen als bezahlte und unbezahlte Arbeitskräfte, Beiträge zur 2. Sommeruniversität für Frauen, Okt. 1977, Dokumentationsgruppe der Sommeruniversität (Hrsg.), Berlin 1978

Gerhard, Ute; *Metz,* Rainer: Bonn drängt Frauen am Arbeitsplatz ins Aus; Sparpaket verschärft Ungleichheit der Chancen, in: FR 27.1.1982

Hensmann, Marie-Luise: Die letzte Chance verbaut; Bonn will bei der Unterstützung für arbeitslose Jugendliche sparen, in: Die Zeit, 11.12.1981

Huber, Josef: Anders arbeiten – anders wirtschaften, Die Zukunft zwischen Dienst- und Dualwirtschaft, S. 17 - 36 in: ders. (Hrsg.): Anders arbeiten – anders wirtschaften; Dualwirtschaft: Nicht jede Arbeit muß ein Job sein, Ffm. 1980

Keller, Suzanne: Die weibliche Rolle: Kontanten und Wandel, S. 445-476 in: Violet Franks; Vasanti Burt (Hrsg.): Frauen und Psychotherapie, Fragen – Probleme – Modelle, München 1979; aus dem Amerikanischen übersetzt von Corinna Brandl und Martha Müller

Kurz-Scherf, I.; *Stahn-Willig,* B.: Gleiche Arbeit/Gleicher Lohn – und wer macht die Hausarbeit? in: Erwerbstätige Frauen im Spannungsfeld . . . a.a.O.

Langkau, J.: Lohn- und Gehaltsdiskriminierungen von Arbeitnehmerinnen in der Bundesrepublik Deutschland, Bonn 1979

Limbach, Jutta: Das Eheleitbild in der Jurisprudenz, in: Lebenswelt und soziale Probleme, Verhandlg. des 20. Dt. Soziologentages 1980, hrsg. von Joachim Matthes, S. 441 ff.

Matthöfer, Hans: Mancher vergaß, daß unser Wohlstand auf Arbeit beruht, in: FR, 17.5.1982

Offe, Claus; *Hinrichs:* Sozial-Ökonomie des Arbeitsmarktes und Lage ‚benachteiligter' Gruppen von Arbeitnehmern, S. 3-61, in: Offe (Hrsg.): Opfer des Arbeitsmarktes, Neuwied 1976

Rentenreform 1984: Neue Probleme schaffen, ohne die alten zu lösen? Stellungnahme zu den Vorschlägen der Kommission für die soziale Sicherung der Frau und der Hinterbliebenen, in: DIW-Wochenbericht 40-41/79

Rommel: Wir müssen die Steuern erhöhen, in: FAZ, 15.1.1982

Rosanvallon, Pierre: Nach der Sozialdemokratie; Die Kosten der Solidarität oder Die Gesellschaft auf der Suche nach sich selbst, in: Freibeuter 11, Vierteljahreszeitschrift für Kultur und Politik, S. 63-76

Voigt, Rüdiger: Sozialpolitik zwischen Verrechtlichung und Entstaatlichung, in: Leviathan 1/81, S. 62-85

Werlhof, Claudia von: Die Krise, Hausfrauisierung der Arbeit, in: Courage, aktuelle Frauenzeitung 3/82, S. 34-43

Die Lebenssituation erwerbsloser Mädchen

Inhalt

Vorbemerkung

In dieser Expertise beschränken wir uns auf jene Studien zur Jugendarbeitslosigkeit, die neueren Datums sind und die spezifische Betroffenheit und Problematik weiblicher Jugendlicher in den siebziger und beginnenden achtziger Jahren aufnehmen.

Insbesondere beziehen wir uns auf Ergebnisse der qualitativen Studie „Jugendarbeitslosigkeit und weibliche Normalbiographie", die inzwischen unter dem Titel „Zukunft mit beschränkten Möglichkeiten. Entwicklungsprozesse arbeitsloser Mädchen" als Forschungsbericht im Verlag Deutsches Jugendinstitut, München vorliegt.

In dieser als Panelbefragung angelegten Untersuchung haben wir 1977 52 ehemalige Hauptschülerinnen während ihrer Erwerbslosigkeit befragt. Nach etwa 1 1/2 Jahren haben wir ein zweites Interview mit 29 von ihnen durchgeführt. Der Charakter einer Verlaufsstudie aufgrund der zweimaligen Befragung ermöglicht es uns, nicht nur die Lebenssituation erwerbsloser Mädchen darzustellen, sondern auch die Analyse von Entwicklungsprozessen nach der Erwerbslosigkeit einzubeziehen.

I. Kennzeichnung der biographischen Situation

1. Zum Verhältnis von Beruf und Hausarbeit in der weiblichen Jugend

Neuere Ergebnisse der berufs- und industriesoziologischen Frauenforschung haben gezeigt, daß eine sinnvolle Auseinandersetzung mit Erwerbstätigkeit von Frauen – und entsprechend mit Erwerbslosigkeit – nur dann gelingen kann, wenn die Verantwortlichkeit der Frauen für die Hausarbeit mit berücksichtigt wird. Die Lebenssituation von Frauen ist geprägt durch die Notwendigkeit, widersprüchliche Arbeitsanforderungen der beiden Lebens- und Arbeitsbereiche: Familie und Beruf, auszubalancieren (Diezinger u.a. 1982). Dieser Zusammenhang stellt sich in den verschiedenen Lebensphasen unterschiedlich dar (Eckart u.a. 1979; Weltz u.a. 1979).

Aufgrund der geschlechtsspezifischen Arbeitsteilung sind Frauen in fast allen Lebensphasen für Hausarbeit verantwortlich. Daneben aber haben sie mehrheitlich Berufsarbeit zu einem selbstverständlichen Bestandteil ihres Lebenslaufs gemacht. Vor allem in der Zeit zwischen dem Austritt aus dem allgemeinen Bildungssystem und dem 1. Kind sind fast alle Frauen erwerbstätig.

Jugend läßt sich demnach, wie es für männliche Jugendliche entwickelt wurde, auch für Mädchen als Qualifizierungsphase ihres beruflichen Arbeitsvermögens kennzeichnen (van Onna 1976). Zunehmend streben auch junge Mädchen eine berufliche Ausbildung an und machen Beruf zu einer Basis ihrer aktuellen Lebenspläne (Konopka 1976; Jugendwerk der Deutschen Shell 1981, S. 114): Die Integration in die Berufswelt ist auch von daher äußerst wichtig für sie.

Doch die Auseinandersetzung mit Arbeit geht für Mädchen nicht in Berufs- bzw. Lohnarbeit auf: Biographisch vor jeder beruflichen Sozialisation und selbstverständlich nebenher verläuft für Mädchen die Sozialisation zur Hausarbeit. Dennoch kann nicht einfach davon ausgegangen werden, daß durch die geschlechtsspezifische Erziehung in Familie und Schule ein „hausarbeitsnahes Arbeitsvermögen" quasi festgeschrieben ist (Diezinger/Marquardt 1980). Jugend ist vielmehr eine Lebensphase, in der Hausarbeit subjektiv und objektiv eine geringe Rolle spielt. Die Grundlage der Qualifikation zur Hausarbeiterin ist gelegt, aber der eigene Haushalt noch nicht gegründet. Berufsausbildung und Berufstätigkeit bilden jetzt eine ausreichende Legitimation, um sowohl den Umfang von Hausarbeit als auch die Bedeutung für das eigene Bewußtsein klein zu halten. Berufliche Erfahrungen können demnach ein eigenes Gewicht erhalten und die Antizipation einer späteren Familienkarriere besteht vorerst relativ unverbunden daneben (Weltz u.a. 1979, S. 45). Hier erhält die Jugendphase eine u.U. weichenstellende Bedeutung: so wie familiale Verantwortung und Erfahrungen die berufliche Verhaltensweisen von Frauen beeinflussen, können umgekehrt auch berufliche Erfahrungen – und besonders in der noch offeneren Lebenssituation in der Jugend – Auswirkungen auf familiale Pläne junger Mädchen haben (Weltz u.a. 1979, S. 16).

Das gilt nun ebenso für die Erfahrung von Erwerbslosigkeit in der Jugend, die bedeutet, daß die gesellschaftlich und subjektiv als normal erwartete Berufstätigkeit ausfällt. Die Auseinandersetzung mit Erwerbslosigkeit ist dadurch gekennzeichnet, daß die Mädchen über eine Qualifikation für eine andere Arbeit immer schon verfügen.

2. *Die Bedeutung von Beruf im Lebenszusammenhang weiblicher Jugendlicher*

Unter dem Blickpunkt von (Erwerbs-) Arbeit bzw. Erwerbslosigkeit ist es zunächst angebracht, neben der Vorbereitung auf künftige Arbeitsanforderungen die Vielfalt des Lebenszusammenhangs weiblicher Jugendlicher zu vernachlässigen. Jugend als Qualifizierungsphase zu bezeichnen, bedeutet, der Integration in die Berufswelt den zentralen Stellenwert unter den verschiedenen jugendlichen Lebensbereichen zuzumessen (van Onna 1976). Damit ist die gesellschaftlich objektive Hierarchisierung von Lebensbereichen angesprochen, mit der sich die weiblichen Jugendlichen auseinandersetzen müssen. Dies v.a., weil Beruf(sausbildung) auch für sie die gesellschaftlich bereitgestellte Möglichkeit zur Lösung unterschiedlicher biographischer Aufgaben geworden ist (Ablösung vom Elternhaus, Status einer eigenständigen Konsumentin, Selbständigkeit des Lebensstiles etc.).

Die gesellschaftlichen Anforderungen, die Hierarchisierung von Lebensbereichen und die zeitliche Abfolge von Entwicklungsprozessen, die immanent in diesem Modell von Jugend enthalten sind (z.B. ökonomische Unabhängigkeit als Voraussetzung für die sozio-kulturelle) sind nicht unbedingt deckungsgleich mit den jeweils aktuellen Interessen der weiblichen Jugendlichen. Der Prozeß der Identitätsfindung ist zwar geprägt durch die Auseinandersetzung mit Erwerbsarbeit, geht aber nicht darin auf. Entscheidende Entwicklungen und Probleme ergeben sich auch in „arbeitsferneren" Lebensbereichen (z.B. Geschlechtsidentität, Beziehungserfahrungen).[1] Außerdem vollzieht sich die persönliche Entwicklung nicht linear, sondern auch in Sprüngen, Aufschüben, Umwegen. Die Auseinandersetzung mit Erwerbslosigkeit, mit den Belastungen und den Anforderungen einer erneuten Berufswahlentscheidung und Stellensuche muß also auch in diesem u.U. widersprüchlichen Verhältnis von gesellschaftlich geforderter Priorisierung von beruflicher Integration und subjektiv wechselnden Lebensinteressen der Mädchen betrachtet werden (Diezinger u.a. 1981).

3. Hinweise auf generationsspezifische Veränderungen und schichtsspezifische Differenzierungen im Lebenszusammenhang weiblicher Jugendlicher

Die Verstärkung der Berufsorientierung läßt tendenziell auch eine größere Bandbreite von Lebensentwürfen junger Mädchen zu und stellt die Basis für mehr Unabhängigkeit und Freizügigkeit des Lebensstils. Diese Ausweitung von Lebensmöglichkeiten weiblicher Jugendlicher zeigt sich z.B. in der Gestaltung der Freizeit, bei der Aufnahme von Beziehungen zu Jungen, bei der Teilhabe an Jugendkultur und Cliquen.[2] Es soll nicht geleugnet werden, daß sich Mädchen auch weiterhin in viel stärkerem Maße den Kontroll- und Behütungstendenzen der Eltern gegenüber sehen als ihre männlichen Altersgenossen. Dennoch beginnen sich Spielräume aufzufächern, gewinnt das Bild einer unabhängigeren Lebensweise vor der Familiengründung an Attraktivität (Burger/Seidenspinner 1977, S. 67). Diese Veränderungen wirken zurück auf die Auseinandersetzung mit Beruf bzw. Erwerbslosigkeit: In dem Maße, wie Beruf Voraussetzung für die jugendspezifische Lebensweise vieler Mädchen wird, bekommt Erwerbslosigkeit auch die Dimension, daß Erweiterungen des Lebensstils zurückgeschraubt werden auf ein traditionelles Maß und Entwicklungsprozesse abrupt gestoppt werden. Zugleich bedeutet die Auffächerung der Lebensmöglichkeiten auch eine Gefahr der Verunsicherung, die durch Erwerbslosigkeit noch erhöht wird.

Schichtspezifische Unterschiede ergeben sich bei Mädchen und Jungen v.a. durch den Zeitpunkt, zu dem Erwerbsarbeit aufgenommen wird. So ist das Lebensmodell der Post-Adoleszenz, in der die Jugendlichen sich sozio-kulturell verselbständigen, ökonomisch aber unselbständig bleiben, mit dem verlängerten Verbleib im Bildungssystem aufgetaucht und daher immer noch schichtsspezifisch verteilt (Jugendwerk der Deutschen Shell 1981, Bd. 1, S. 195). Das bedeutet, daß Mädchen aus dem Reproduktionsmilieu der Mittelschicht eher ein längeres Moratorium in einer aus dem gesellschaftlichen Arbeitsprozeß ausgegliederten Institution verbringen. Wichtige Identitätsentwicklungen und Unabhängigkeitsbestrebungen finden also vor einer konkreten beruflichen Sozialisation statt, während sich dagegen Mädchen aus der Arbeiterschicht entscheidende Entwicklungsanstöße von der beruflichen Ausbildung und Arbeit erhoffen.

Die Mehrzahl der von uns befragten Mädchen stammt aus eher proletarischen Reproduktionsmilieus. Sie verfügen aufgrund ihrer materiellen Lebensbedingungen über einen geringeren Handlungsspielraum in der Auseinandersetzung mit Erwerbslosigkeit und sind zugleich besonders belastet, wenn der Erfahrungsbereich Beruf „ausfällt“.

II. Erfahrungen in und durch Erwerbslosigkeit

1. *Erwerbslosigkeit als Sozialisationsprozeß für weibliche Jugendliche*

Genau wie Berufsarbeit sozialisiert auch Erwerbslosigkeit; durch das Fehlen gesellschaftlich anerkannter Arbeit werden – zumindest vorübergehend – wichtige Handlungsfelder ausgeblendet (Wacker 1976).

Dies hat Auswirkungen auf zukünftige Handlungsmöglichkeiten: Es werden „Fakten" geschaffen, Richtungen eines Lebensweges eingeschlagen, die später nur schwer oder kaum veränderbar sind und – mit diesen verbunden – Kompetenzen erworben, Orientierungen, Wahrnehmungsweisen und Zukunftsperspektiven ausgebildet, die von der Erfahrung der Erwerbslosigkeit geprägt sind.[3] Dabei ist vor allem zu bedenken, daß Mädchen quantitativ stärker von Erwerbslosigkeit betroffen sind als ihre männlichen Altersgenossen.[4]

Der Prozeß der Sozialisation durch Erwerbslosigkeit ist bei Jugendlichen ein anderer als bei Erwachsenen, da er vor längerfristigen Berufserfahrungen abläuft. Es geht für die weiblichen Jugendlichen darum, sich überhaupt einen Zugang ins bestehende Beschäftigungssystem zu verschaffen. Erwerbslosigkeit wird daher zwiespältig erlebt: einerseits sind die Mädchen nicht so stark festgelegt auf einen bestimmten beruflichen Verlauf, sie sind offener und flexibler, mit dem Nicht-Erreichen einer Möglichkeit sind noch nicht alle Chancen verloren, die Zukunft nicht vollständig verbaut. Andererseits sind sie aber auch unsicherer und aufgrund mangelnder Erfahrungen auch anpassungsbereiter als Erwachsene.

Negative Erlebnisse in der Erwerbslosigkeit und der mehr oder weniger kurzfristigen Berufstätigkeit bewirkten bei den Mädchen unseres Samples, daß sie ihre Ansprüche senkten, eine weniger qualifizierte Berufsausbildung akzeptierten oder den Gedanken an eine Ausbildung ganz aufgaben zugunsten einer ungelernten Tätigkeit. Erwerbslosigkeit stellt für die Jugendlichen eine Störung des beruflichen Sozialisationsprozesses dar, ehe dieser überhaupt erst richtig in Gang gekommen ist.

Dies trifft die Mädchen um so härter, als sie schon vor jeder konkreten beruflichen Sozialisation starke berufliche Interessen und spezifische Erwartungen ausgebildet haben. Sie streben mehrheitlich eine berufliche Qualifizierung an, haben sich im Berufswahlprozeß Klarheit über ihre inhaltlichen Interessen und die Marktchancen des gewählten Berufs gemacht. Sie betrachten Erwerbstätigkeit als Grundlage einer eigenständigen Lebenssicherung und als Möglichkeit persönlicher Entwicklung (vgl. auch BRIGITTE/DJI 1982). Erwerbslosigkeit bedeutet von daher einen Bruch in ihrer Lebensplanung.

Erwerbstätigkeit besitzt in dieser Lebensphase eine hohe Attraktivität und erscheint den betroffenen Mädchen so selbstverständlich, daß Erwerbslosigkeit vor allem negativ, als Mangelsituation erfahren wird. Es geht bei den Mädchen nicht wie bei erwachsenen Arbeitslosen darum, daß sie den Verlust eingeübter und gewohnter Verhaltensweisen beklagen, sondern daß antizipierte neue Erfahrungsbereiche und Handlungsspielräume nicht zur Verfügung stehen. Von Berufstätigkeit erhoffen sie sich den Zugang zu neuen sozialen, quasiöffentlichen Räumen, den Erwerb fachlicher und kommunikativer Kompetenzen, den Kontakt mit unterschiedlichsten Menschen und die Gewähr, sozial anerkannte Arbeit zu machen.

Durch eigene oder vermittelte Arbeitserfahrungen anderer (Eltern, Geschwister) haben sie aber auch schon die andere Seite von Erwerbsarbeit kennengelernt; vor allem diejenigen Mädchen, die schon in der Ausbildung oder erwerbstätig waren, wissen um die Restriktivität betrieblicher Einsatzbedingungen. Diese Mädchen vor allem neigen eher zu einer ambivalenten Sicht von Erwerbslosigkeit: sie spüren den Mangel, die Behinderung, erfahren sie aber auch als Leben ohne Arbeitszwang, als Freiraum.

Die Interviews zeigen, daß im aktuellen wie retrospektiven Erleben eindeutig der Belastungsaspekt von Erwerbslosigkeit dominiert. Die Lebenssituation vieler Mädchen läßt es kaum zu, daß sie die positiven Seiten der Erwerbslosigkeit voll ausleben, wie das Fehlen von Arbeitszwängen, Ausschlafen, Muße und genügend Zeit zur Disposition zu haben oder auch die Möglichkeit, Lebensziele und berufliche Ziele noch einmal zu überdenken. Nur punktuell und kurzfristig können einzelne dies erleben.

Entscheidend für die Sozialisation durch Erwerbslosigkeit ist ihr Verlauf, bzw. im Verlauf drückt sich der spezifische Umgang des Mädchens mit dieser Situation aus. Positive Aspekte von Erwerbslosigkeit werden fast nur zu Beginn erfahren und realisiert. Mit zunehmender Länge und wiederholter Erwerbslosigkeit werden die Belastungen stärker wahrgenommen. Der Verlauf läßt sich jedoch weder in einem Phasenmodell von Persönlichkeitsveränderungen (Opaschowski 1976) wiedergeben, noch stellt er eine gleichförmige Verschlechterung dar (Schober-Gottwaldt 1978). Es ist eher ein Ablauf mit der zwar langfristigen Tendenz zur Verschlechterung, aber einer mit Schwankungen, Sprüngen, Brüchen, ja manchmal sogar mit nicht sehr langanhaltenden Umschwüngen.

Zwar mögen in der subjektiven Wahrnehmung der Mädchen zeitweilig Erfahrungen aus anderen Lebensbereichen gegenüber Beruf und Erwerbslosigkeit dominieren und Einflüsse auf ihr Verhalten geltend machen, grundsätzlich aber können sich die Mädchen dem Entscheidungsdruck der Situation nicht entziehen. Generell zeigt sich im Verlauf der Erwerbslosigkeit, daß bei den meisten Mädchen die positiven Aspekte der Situation die Belastungen nicht aufwiegen können und sie sich in dem Maß abnützen, in dem die Beeinträchtigungen zunehmen. Insofern ist Erwerbslosigkeit für das Gros der Mädchen ein überwiegend negativer Sozialisationsprozeß, der für sie zunehmende Verengungen und Belastungen mit sich bringt. Auf keinen Fall ist eine „weiche" Erwerbslosigkeit für Mädchen anzunehmen.

Die Belastungen sind daher auch der zentrale Aspekt unter dem Erwerbslosigkeit für Mädchen thematisiert werden muß.

2. Belastungserfahrungen in der Erwerbslosigkeit

2.1 Zeitstruktur, Umgang mit der Zeit, Langeweile und Sinnlosigkeitsgefühle

Der Umgang mit der Zeit während der Erwerbslosigkeit stellt ein gravierendes Problem für die Mädchen dar. Ihnen fehlen Struktur und anerkannter Inhalt der Zeit, da nichts von außen gesetzt ist, wie bisher durch Schule oder Lohnarbeit. Sie haben bisher kaum gelernt, den Tag selbst zu gestalten und unter den Belastungen, die Erwerbslosigkeit mit sich bringt, gibt es für Lernprozesse wenig Möglichkeiten. Zeit hat jetzt den Charakter des Beliebigen und erzeugt Gefühle von Langeweile und Sinnlosigkeit. Diese sind oft schwerer zu ertragen als der Geldmangel.

Was die Mädchen aktuell in der Erwerbslosigkeit tun, hat „abgeleiteten Sinn": Sie tun es, weil sie keine Arbeit haben. Die Energien, etwas Sinnvolles zu machen nehmen ab, das Interesse an produktiven Tätigkeiten versiegt und weicht oft dem Gefühl einer teilweisen Lähmung. Die Zeitverbringung besteht oft im Zeit-Totschlagen, in dem das Fernsehen eine wichtige Rolle spielt als eine der wenigen Konsummöglichkeiten, die den Mädchen kein Geld kosten.

Obwohl sie mehr Zeit als früher haben, können die Mädchen jetzt weniger damit anfangen. Erst im nachhinein wird die Möglichkeit, über viel Zeit verfügen zu können eher positiv gesehen.

Auch die wiederholten, oft sehr anstrengenden und zeitraubenden Versuche der Mädchen, eine Arbeit zu bekommen, die Vorstellungen, Bewerbungen, Telefonate, ändern grundsätzlich wenig am Zeitempfinden, können diese Beschäftigungen doch erst dann als sinnvoll empfunden werden, wenn sie erfolgreich waren.

Der Unterschied von Freizeit und sonstiger Zeit verschwimmt. Freizeit als das notwendige Pendent zur Lohnarbeit wird den Mädchen nicht mehr zugestanden und auch sie selbst glauben oft, kein Recht auf Freizeit (und vor allem Freizeitbeschäftigungen) zu haben, weil sie ja „sowieso nichts tun." Ihre alltäglichen Zeitrhythmen unterscheiden sich von denen der Erwerbstätigen und dies erfahren sie als Konflikt mit ihnen Nahestehenden.

Den meisten Mädchen ist es nicht möglich, die Phasen ihrer Erwerbslosigkeit zeitlich exakt anzugeben, die Konturlosigkeit des Zeitempfindens erschwert genaue Grenzziehungen: Da die dauerhafte Integration in den Beruf nur schwer gelingen will, verschwimmen auch die Grenzen zwischen erwerbsloser Zeit und Berufsarbeitszeit. Es entsteht der Eindruck, schon sehr lange erwerbslos zu sein, unendlich lange. Nicht zuletzt mag auch dies mit dazu beitragen, daß sich die Mädchen dann schnell als „zu alt“ für eine Ausbildung empfinden, obwohl vielleicht objektiv noch nicht allzuviel Zeit vergangen ist.

2.2 Belastungen durch Geldmangel

Die Geldproblematik in der Erwerbslosigkeit wird von den Mädchen als Beschneidung grundlegender Bedürfnisse und Wünsche erfahren, als Geldmangel, der sie in ihren Aktivitäten behindert.[5] Für Erwachsene liegt das Problem in der Erwerbslosigkeit mehr im Umgang mit finanziellen Belastungen, besteht im Kürzer-Treten, in der partiellen Einschränkung. Für die Mädchen bedeutet es, daß sie kein eigenes Geld mehr haben und sie nicht mehr selbst über ihre Ausgaben bestimmen können, es fehlt die Dispositionsmöglichkeit. Geld wird in jedem Fall zugeteilt. Geldmangel ist am wenigsten belastend für Schulabgängerinnen, sie kennen diese Situation. Mädchen, die bereits einen eigenen Verdienst hatten, erfahren diesen Verlust weitaus stärker als Einbuße der freien Verfügungsmöglichkeit.

Über die Geldzuteilung werden die Mädchen durch die Eltern kontrolliert, ermöglicht sie diesen doch Einblick in Konsum und Freizeitverhalten. Besonders belastend ist die Geldzuteilung wenn sie in ganz kurzen Zeitabständen erfolgt und bei je auftretendem Bedarf, so daß die Mädchen jedes Mal zur Rechtfertigung und Offenlegung ihrer Wünsche gezwungen sind. Dies verstärkt das Gefühl der Abhängigkeit und des Unmündigseins gerade in einer Zeit in der sie zur Selbständigkeit drängen. Sparsame Geldvergabe ist von den Eltern oft auch in dem Sinne gedacht, daß sie dem Zwang zur Arbeitsaufnahme Nachdruck verleihen wollen, ist es doch sonst nicht zu verstehen, warum jetzt in der Erwerbslosigkeit den Mädchen Konsumwünsche verwehrt werden, die zu Schul- oder Ausbildungszeiten selbstverständlich waren.

Besonders problematisch wird die Situation bei begrenzten materiellen Ressourcen der Familie, wie etwa in den Mutterfamilien, in denen eine Frau die Haupternäherin der Familie ist. Die Mädchen müssen sich als Bittgängerin vorkommen, die die materielle Lage der Mutter zusätzlich verschärfen.

Das Fehlen selbstverdienten Geldes hat seine Auswirkungen auf viele Bereiche: Die unmittelbare finanzielle Abhängigkeit von den Eltern bleibt bestehen oder wird wieder verstärkt, aber auch die materielle Abhängigkeit vom Freund kann einschneidend wirksam werden, wie es dadurch generell eine Begrenzung der Kontaktmöglichkeiten gibt. Öffentliche kommerzielle Kontaktorte wie Kino, Kneipe, Disko entfallen, oder deren Besuch muß drastisch reduziert werden. Die Unmöglichkeit, in gleicher Weise wie andere am Jugendkonsum teilzuhaben, sich dementsprechend darzustellen oder zu stilisieren wirken oft mittelbar als Hemmschwelle, Kontaktmöglichkeiten wahrzunehmen. Für viele hat Erwerbslosigkeit von daher Höhen und Tiefen, die recht unmittelbar an die jeweilige Verfügungsmöglichkeit über Geld gebunden sind: Kontakt, Öffentlichkeit, Abwechslung sind eher möglich, wenn Geld vorhanden ist.

2.3 Diskriminierungserfahrungen

Ein wesentlicher Belastungsfaktor für die Mädchen ist die erwartete oder erfahrene geringschätzige und negative Bewertung der eigenen Person durch andere. Das eigene Gefühl der Nutzlosigkeit und Abweichung erfährt so noch einmal Verstärkung, die vitale Kräfte der Mädchen lähmt und behindert. Manche versuchen, der befürchteten Diskriminierung zu entgegen, indem sie sich bestimmten öffentlichen Situationen gar nicht mehr aussetzen. Doch entkommen können sie den Diskriminierungen auch dann nicht, denn gerade Eltern und Geschwister reagieren oft mit massiven Vorwürfen und Unterstellungen.

Die „Frust-Trotz"-Reaktion: „Wenn die mich nicht mögen, mag ich auch nicht mehr" ist gegenüber der eigenen Familie kaum möglich und sie erweist sich hier wie gegenüber anderen als Bumerang, indem eine wichtige Quelle von Unterstützung wegfällt.

Insgesamt stellen die vielen negativen Zumutungen eine besondere Belastung für das Selbstbild der betroffenen Mädchen dar. Die vielen Ablehnungen durch Betriebe unterminieren zusätzlich das Selbstbewußtsein. Dies kann so weit gehen, daß die Mädchen das negative Bild von sich selbst verinnerlichen, sich selbst als Versager, arbeitsscheu, faul sehen (müssen). So stehen sie gleichermaßen von innen und außen unter „Beschuß". Das Beziehungsnetz der Gleichaltrigen hilft zeitweise diese Übergriffe aufzulockern: so zeigte sich daß sich die Mädchen dort partiell immer wieder Zuwendung und Zustimmung zu ihrer Person holen und sie wieder Erfahrungen von ihrem „Wert" machen, der sonst infragegestellt scheint.

Erwerbslosigkeit brandmarkt gegenüber der sozialen Umwelt und den Arbeitgebern und manchmal versuchen die Mädchen der Diskriminierung zu entgehen, indem sie ihre Ewerbslosigkeit verschweigen. Aber das Leiden daran läßt sich nicht ausmerzen, sondern an vielerlei Reaktionen festmachen: Die Vergleiche mit anderen fallen negativ aus, die Mädchen sind zeitweilig depressiv, bedrückt, von Selbstzweifeln geplagt, leiden unter ihrer Freßsucht oder somatisieren mit Kreislaufbeschwerden und Ähnlichem. Nur schwer können sich die Mädchen gesellschaftlich verorten, sie fühlen sich ausgesperrt und abqualifiziert. Jugendliche befinden sich altersbiographisch sowieso schon in einer Marginalsituation durch ihr Nicht-Erwachsen-Sein. Diese Statusunsicherheit in Zusammenhang mit einer unstrukturierten Lebenssituation in der Erwerbslosigkeit und den Diskriminierungserfahrungen betreffen alle erwerbslosen Mädchen. Soziale Identitätsprobleme werden wesentlich verschärft.

2.4 Familiensituation, Beziehungen, Isolationserfahrungen

Die Familie wird für die Mädchen während der Erwerbslosigkeit Hauptkonfliktort, „zweite Front".[6] Die Konflikte, die durch Ablösungsprozesse selbst bei günstigsten Familienkonstellationen aufbrechen, werden zugespitzt, weil Erwerbslos-Sein gegen die gesellschaftliche Norm – auch die Normen der Eltern – verstößt, weil eine wichtige Möglichkeit über Berufstätigkeit die Ablösung vorzubereiten und Eigenständigkeit zu legitimieren, fehlt. Der gesellschaftliche Druck auf die erwerblosen Mädchen wird vor allem durch die Familie vermittelt, in Form von Vorwürfen, Zweifel an ihrer Arbeitsmotivation. In abgeschwächter Form passiert dies auch dann, wenn die Mädchen von zuvor guten Eltern-Tochter-Beziehungen berichten. Konflikte in der Familie können so sehr die Energien der Mädchen in Anspruch nehmen, daß sie sich gar nicht richtig mit Erwerbslosigkeit, mit Arbeitssuche, Bewerbungen beschäftigen können. Umgekehrt erzeugt der Druck der Eltern den Zwang, irgendeine Arbeit anzunehmen, um dieser unerträglichen Situation entrinnen zu können. (Marquardt u.a. 1980)

Die Konflikte in der Familie zeigen u.E., daß die Annahme, Mädchen könnten sozusagen in der Herkunftsfamilie überwintern und daher Erwerbslosigkeit leichter verkraften, eine Illusion ist. Die Bedeutung der Eltern relativiert sich nach der Erwerbslosigkeit im positiven wie im negativen Sinn und dies nicht nur, weil dies entwicklungsmäßig für die Einzelnen jetzt ansteht: Durch die Erwerbstätigkeit, das selbstverdiente Geld sind Distanzierungen möglich in Fällen, in denen die Beziehungen besonders eng waren, aber es gibt auch Annäherungen bei vorher angespanntem Verhältnis. Dann ist es den Mädchen auch möglich, retrospektiv manche Verhaltensweisen der Eltern als Unterstützung anzuerkennen, die sie in der Situation selbst oftmals nur als Druck oder Übergriff erlebt haben.

Die Arbeitsrhythmen der erwerbstätigen Familienmitglieder und der Freunde und Freundinnen führen dazu, daß die Mädchen tagsüber isoliert in der Wohnung bleiben. Die von ihnen erwartungsgemäß zu erledigende Hausarbeit hält sie zusätzlich dort gefangen. Oft sind oder fühlen sich die Mädchen auch ausgeschlossen und auf sich selbst verwiesen; gegenüber ihren außerfamiliären Bezugspersonen fehlt ihnen ein anerkannter gleichwertiger Interessensbereich, wie es nun einmal Beruf darstellt.

Gefühle des Alleinseins haben daher alle Mädchen, inwieweit diese dann aber auch oft in Gefühle der Einsamkeit umschlagen, das hängt davon ab, inwieweit es den Mädchen gelingt so etwas wie ein „soziales Netz" von Beziehungen zu pflegen und trotz aller Widrigkeiten in der Erwerbslosigkeit auch aufrecht zu erhalten. Obwohl die Mädchen in den Beziehungen zuweilen Diskriminierungen erfahren, trägt der Kontakt zum Freund, zur Freundin und zur peer group ganz wesentlich dazu bei, die Belastungen erträglicher zu machen oder zumindest zeitweise zu reduzieren.

Erwerbslosigkeit behindert zwar die Kontaktpflege und -aufnahme, dennnoch waren die Mädchen in der Regel nicht so isoliert wie angenommen (Schober-Gottwald 1978). Das soziale Umfeld ist der Bereich, in dem der subjektive Gegenzug gegen die Belastungen der Erwerbslosigkeit am ehesten wirksam werden kann.[7] Dies mag daran liegen, daß Mädchen in der Gestaltung von Beziehungen schon starke soziale Kompetenzen entwickelt haben, was in der Regel als Schwäche und nicht als weibliche Stärke interpretiert wird, vor allem, wenn es um berufliches Verhalten geht. Weder in der Alternativrolle als junge Ehefrau noch in der Herkunftsfamilie liegen also – wie üblicherweise referiert – die größten Möglichkeiten der Mädchen, die Belastungen der Erwerbslosigkeit zu reduzieren, sondern in der geschickten Pflege und dem Erhalt eines sozialen Umfeldes. Hierbei hat uns besonders erstaunt, daß sich die Beziehungsfähigkeiten der Frauen in der Jugend schon gar nicht auf den familialen Bereich beschränken.

Die Isolation in der Erwerbslosigkeit bleibt jedoch eine relevante Bedrohung und Belastung, wenn ihr nicht ständig entgegengearbeitet wird. Erwerbslosigkeit wird zum Kristallisationspunkt für Beziehungen, zur Bewährungsprobe für beide Seiten. Freunde, Freundinnen, Geschwister erweisen sich auch als unsolidarisch oder diskriminierend, dabei zeigen sich die Mädchen vor allem den Beziehungskonflikten mit Freundinnen weniger gewachsen. Erwerbslosigkeit kann daher eine starke Veränderung des sozialen Umfeldes mit sich bringen, die verkraftet werden will. Allerdings hat sich gezeigt, daß die Mädchen Konsequenzen aus negativen mitmenschlichen Erfahrungen oft erst im nachhinein – nach der Erwerbslosigkeit – ziehen, wenn sie genügend anderen Rückhalt haben, um Trennungen und Distanzierungen durchstehen zu können. Vor allem im Hinblick auf den Freund hat Erwerbslosigkeit sich oft als „Beziehungskitt" erwiesen und Anpassungs- und Unterordnungstendenzen bei ihnen verstärkt.

2.5 Belastungen durch Hausarbeit

Erwerbslosigkeit weiblicher Jugendlicher bedeutet, daß die gesellschaftlich jetzt vorgesehene und auch subjektiv erwünschte Berufsarbeit fehlt. In dieser Situation wird Arbeit im Haushalt als bereits gelernte und jederzeit abrufbare zum Lückenbüßer.

Alle von uns befragten Mädchen mußten während der Erwerbslosigkeit mehr Hausarbeit machen als früher. Das Spektrum der Betätigungen reichte von der alleinigen Verantwortung für den ganzen Haushalt, der Arbeit als Haushalts-„gehilfin" bis hin zur nur geringen Mehrarbeit. Aber keine Hausarbeit, das gibt es nicht, so daß „arbeits"lose Mädchen nie ohne Arbeit sind.

Hausarbeit ist somit *die* geschlechtsspezifische Belastung in der Erwerbslosigkeit für junge Frauen. Männliche Jugendliche werden von ihren Familien jedenfalls nicht mit dieser Selbstverständlichkeit dazu verpflichtet, als Erwerbslose „wenigstens" Hausarbeit zu machen.

Hausarbeit als zusätzliche Arbeitsbelastung wird sozusagen der Kristallisationspunkt an dem sich Auseinandersetzungen herausbilden, das Konfliktfeld, über das sich Familienzwistigkeiten vermitteln. Der Zwang zur Hausarbeit gewinnt so einen wichtigen Stellenwert im Ablösungsprozeß und trägt oft dazu bei, diesen zu verschärfen. Insbesondere gilt dies für die Mutter-Tochter-Beziehungen, für die Hausarbeit sozusagen zur Bewährungsprobe wird, indem sich ein problematisches Verhältnis auch darüber noch einmal besonders zuspitzt. An Hausarbeit lassen sich alle Belastungen durch Erwerbslosigkeit noch einmal deutlich machen; sie kann die anderen Belastungen nicht aufheben oder relativieren, sondern verstärkt sie eher noch. So kann sie wenig helfen, den Umgang mit Zeit zu gestalten, da Hausarbeit ihrer Natur nach wenig strukturiert, beliebig ausdehnbar, wenig greifbar und vorweisbar ist. Hausarbeit wird gesellschaftlich – und in der Familie – nicht als Arbeit anerkannt. Sie bietet für die Mädchen daher kaum Schutz gegen Erfahrungen der Langeweile und Sinnlosigkeit,[8] gegen das Gefühl des „Nichts-Tuns" in der Erwerbslosigkeit. Wie für erwachsene Frauen stellt Hausarbeit auch für die Mädchen keine Möglichkeit dar, gesellschaftliche Anerkennung und Selbstbestätigung zu erlangen. Die Mädchen können zumeist nicht selbstbestimmt arbeiten, sondern verrichten Hausarbeit als Vor- Zu- und Nacharbeit für die Mutter. Hausarbeit schützt die Mädchen darüber hinaus nicht einmal vor Diskriminierungen in der Familie. Sie bietet in den Augen der Eltern nur die Legitimation für den weiteren materiellen Unterhalt und den Verbleib in der Familie. Dies wirkt sich als Verantwortlichkeit für die Mädchen aus, Hausarbeit machen zu müssen. Wenn die Mädchen Hausarbeit verweigern, gelten sie als arbeitsscheu, machen sie sie, dann gilt das aber noch keineswegs als Beweis ihrer Arbeitswilligkeit, den sie erst durch Erwerbstätigkeit erbringen können.

Hausarbeit berechtigt die Mädchen in den Augen der Familienmitglieder und nach ihrem eigenen Selbstverständnis nicht zum Empfang von Geld für die geleistete Arbeit, da sie ja aus Sympathie für die Familie geschieht (geschehen sollte) und als Gegenleistung für die selbst empfangenen Reproduktionsleistungen in der Familie gesehen wird. Die Kontrollmöglichkeiten der Eltern, vermittelt über das Geld, bleiben also bestehen. Gleichzeitig wird die Isolation, die durch Eingebundensein in den Haushalt gegeben ist, verschärft. Gesellschaftlich wie für die Familie erfüllt Hausarbeit so Disziplinierungsfunktionen: Indem die Mädchen hinter den Türen verschwinden, können sie weniger sozial auffällig werden und unerwünschten Betätigungen nachgehen.

Indem Hausarbeit Energien und Kräfte bindet, die Mädchen im Hause hält, sie bei der Klärung der eigenen Interessenlage und der aktiven Informations- und Stellensuche behindert, verlängert Hausarbeit für die Mädchen die Erwerbslosigkeit.[9] Hausarbeit beschneidet ihnen auf diese Weise Zukunftsperspektiven, ihre Chancen für eine berufliche Qualifizierung verringern sich. Da Hausarbeit subjektiv so wenig Befriedigung verschafft, objektiv sich als Behinderung erweist, nimmt sie den Mädchen die Möglichkeit, Wünsche zu realisieren.

Sie bietet keine Alternative, die es den Mädchen erlaubt, sich auf die Familie zurückzuziehen, denn sie geschieht zum falschen Zeitpunkt und am falschen

Ort. Nämlich nicht, wie es sich die Mädchen vorstellen, nach einer beruflichen Betätigung, sondern vorher bzw. stattdessen und in der Herkunftsfamilie, die die meisten eigentlich verlassen wollen.

Daß Jugend normalerweise die Zeit ist, in der Hausarbeit die geringste Rolle im Leben junger Mädchen spielt, zeigt sich erst wieder, wenn es den Mädchen gelingt, eine Arbeitsstelle zu finden. Weder faktisch an dem gemessen, was die Mädchen jetzt noch im Haushalt tun müssen, noch von der subjektiven Bedeutung her als Verantwortlichkeit und Konfliktfeld ist sie weiterhin besonders wichtig: Berufstätigkeit ist eine ausreichende Legitimation, die Mitarbeit zuhause zu reduzieren.

Hausarbeit kann sich aber zuweilen in die Berufsarbeit „hineinverlagern". Oft besteht für die Mädchen die einzige Möglichkeit, einen Arbeitsplatz zu finden, darin, sich an das Angebot anzupassen, mit dem Betriebe auf das „hausarbeitsnahe" Arbeitsvermögen von Frauen spekulieren: Putzarbeit, Lagerhaltung, Wäscherei, Küchenarbeit. Gerade aber diese Tätigkeiten sind von ihren Arbeitsbedingungen her die unbeliebtesten und am meisten belastenden für die Mädchen, sie nehmen sie auch fast ausnahmslos nur als Notbehelf an. Als von vornherein befristete Arbeit leistet sie dann allerdings auch weitgehend der Marginalisierung der Mädchen auf dem Arbeitsmarkt Vorschub.

2.6 Verunsicherung der Lebens- und Zukunftsperspektive

Jugend ist die Phase im Lebenslauf, für die ihre Offenheit, ihre Zukunftsbezogenheit kennzeichnend ist. Die biographischen Entwürfe sind in dieser Zeit besonders uneindeutig und mehrperspektivisch (vgl. auch Jugendwerk der Deutschen Shell Bd. II, S. 17). Das Mehrspektivische gilt insbesondere für Mädchen, sind doch hier viel mehr auch andere Lebensbereiche in das Handeln und die Orientierungen einbezogen. Jedoch gilt dies nicht mehr in der Weise, daß Ehe und Familie als Sicherheitsgaranten antizipatorisch eingebunden sind. Daraus entsteht auch für Mädchen der Zwang und die Notwendigkeit, Sicherheit in der Zukunft über den Beruf anzustreben, die eigenen Arbeitsmarktchancen durch eine Ausbildung zu erhöhen. Von daher bedeutet Erwerbslosigkeit auch eine Bedrohung ihrer beruflichen und sonstigen Perspektiven. Erwerbslosigkeit gibt den Mädchen wenig Möglichkeiten, sich produktiv mit der eigenen Zukunft auseinanderzusetzen. Partiell schlägt sich dies in Wunschträumen nieder, an deren Realisierung sie aber nicht aktiv arbeiten. Zukunft beginnt für sie erst, wenn sie „eine Arbeit" haben. Auch dann erst können sie berufliche Pläne wieder zum Thema machen. Erwerbslosigkeit erhöht in jedem Fall die Angst, weil der reale Bezug zur Zukunft infrage gestellt ist.

Die Widersprüchlichkeit des weiblichen Lebenszusammenhangs und die Brüchigkeit normativer Muster führen darüber hinaus zu einer Verunsicherung. Erwerbslosigkeit bedeutet eine weitere Entstrukturierung ihrer Lebenssituation. Insofern fördert sie emotionale Labilisierung, während die erwerbslosen Mädchen gerade einer besonderen Standfestigkeit und emotionalen Stabilität bedürften. Sie erleben im Prozeß ihrer Identitätsfindung und Selbstkonstitution Verschiebungen und Brüche, die oft eine starke Gefährung in Gang setzen. Dies kann sich etwa in verstärktem Konsum von Alkohol und anderen Rauschmitteln äußern.[10]

Dies geschieht insbesondere dann, wenn mehrere krisenhafte Situationen aufeinandertreffen, etwa Konflikte mit den Eltern und mit dem Freund gleichzeitig auftreten und sich gegenseitig hochschaukeln. Gerade in der Erwerbslosigkeit fehlt den Mädchen die Möglichkeit der Krisenbewältigung, es gibt dann keinen Bereich mehr, weder beruflich noch privat, der ihnen Sicherheit und Rückhalt vermittelt. Das treibt manche Mädchen dann dazu, aufzugeben und einen Selbstmordversuch zu machen. Manche Mädchen wollen „nur" auf sich aufmerksam machen, andere sind entschlossen, mit allem Schluß zu machen. Erwerbslosigkeit ist dabei nicht der einzige, aber ein wesentlicher Faktor, der die Situation als auswegslos erscheinen läßt.[11] Erwerbslosigkeit ist dann die Bestätigung ihrer negativen Selbstsicht, sie macht positive Ansätze zunichte. Dies zeigt sich auch daran, daß mit der Wiederkehr von Erwerbslosigkeit die Selbstaggression zunimmt, z.B. der Selbstmordversuch nicht mehr mit Tabletten unternommen wird, sondern sich die Mädchen die Pulsadern aufschneiden.

Die verzweifelte konfliktbeladene Situation läßt in diesem Moment, die für den eigenen Lebensentwurf so wichtigen Antizipationen nicht mehr zu. Die zukunftsweisenden Hoffnungen und Selbstbilder scheinen nicht mehr lebbar und Leben damit nicht mehr lebenswert. Aber gerade die Zukunftsbezogenheit ist für den Prozeß der Selbstkonstitution der Jugendlichen wichtig.[12]

Die Bedeutung von Antizipationen für die Mädchen zeigt sich auch daran, daß, sobald sie sich – noch in der Erwerbslosigkeit – zu weitergehendem Schulbesuch oder anderen längerfristigen Planungen entschlossen haben und dafür auch genügend Rückhalt bei den Eltern finden, Erwerbslosigkeit ihren Charakter von Ausweglosigkeit verliert.

In der Erwerbslosigkeit kann es auch in anderen Bereichen zu einem regelrechten „Stillegen von Erfahrungen" kommen, in der Weise, daß daraus abgeleitetes Handeln den Mädchen aktuell unmöglich wird. Nachträglich wird die damalige Lebenssituation oft anders gesehen, jedoch weiter überwiegend negativ. Differenzierungen werden jetzt deutlicher, die Vorwürfe an Personen, die Kritik an Institutionen sind oft retrospektiv stärker, Probleme werden eher zugelassen, Abhängigkeiten klarer benannt, aber auch die einzelnen wenigen positiven Aspekte eher bemerkt. Keinesfalls aber läßt sich wie *Schober-Gottwald* (1978) vermutet, eine nachträgliche Relativierung von Erfahrungen aus der Erwerbslosigkeit feststellen. Da vor allem auch die negativen Erfahrungen so deutlich bleiben, behält sie – wohl auch längerfristig – ihre Disziplinierungsfunktion: Es zeigt sich auch daran, daß die Mädchen Arbeitsstellen nicht mehr so leicht aufgeben, ohne schon eine andere in Aussicht zu haben. Ihr Anpassungswille und ihr Durchhaltevermögen steigen – auch wenn die Arbeitsbedingungen schlecht sind. Es stellt sich damit die Frage, ob hier nicht durch Erwerbslosigkeit eine Anpassungshaltung eingeübt wird, die auch für die Zukunft und andere Lebensbereiche Geltung behält.

Ein grundlegendes Dilemma in der Erwerbslosigkeit besteht für die betroffenen Mädchen darin, daß diese Situation einerseits viel Eigenaktivität, viel eigenes Potential erfordert und daß sie andererseits gerade die eigenen Handlungsmöglichkeiten beschneidet und zunichte macht. Die „Bewältigung" von Erwerbslosigkeit fordert viel subjektive Gegenarbeit: nicht nur aktive enttäuschungsresistente Arbeitssuche, sondern auch persönlich sinnvolle Nutzung und Strukturierung der Zeit, die plötzlich im Überfluß vorhanden ist.

Gegen den Sog der Isolation müssen die Jugendlichen ihre Kontakte aufrechterhalten, Widerstand gegen die vielfältigen Diskriminierungen entwickeln und versuchen, sich trotz faktisch fortbestehender oder verschärfter Abhängigkeit von den Eltern allmählich abzulösen. Vor allem aber sind sie gezwungen, Selbstbewußtsein, das Gefühl von persönlicher Identität aufzubauen, ohne Unterstützung durch gesellschaftliche Anerkennung oder durch Kooperationserfahrungen im Beruf; trotz des Gefühls irgendwie anders, nutzlos, unbrauchbar zu sein, außerhalb zu stehen. Durch die Erwerbslosigkeit werden die Handlungsmöglichkeiten der Mädchen jedoch beschnitten; sie entaktiviert die Mädchen, weil ihnen vorgegebene Anreize für Tätigkeiten (auch in der Freizeit) fehlen.

So wird Erwerbslosigkeit konsequenterweise von vielen auch nachträglich als verlorene Zeit empfunden, aber von einigen auch als Bewährungsprobe erlebt, weil sie auf sich selbst gestellt kennenlernen mußten, was sie schaffen und aushalten konnten. Aber letzteres artikulieren nur die jungen Frauen, die diese Zeit für ihr eigenes Empfinden positiv beendet haben. Auch fragt sich hier, ob sie diese Erfahrungen nicht auch anders hätten erleben können, zumal die Mädchen sie quasi „mit dem Rücken zur Wand" machen mußten.

Es zeigt sich, daß in ihrem sozialen Umfeld und durch ihre Sozialisationserfahrungen benachteiligte Mädchen durch Erwerbslosigkeit zunehmend ins Hintertreffen geraten, während die, die in und außerhalb ihrer Familien bessere Bedingungen vorfanden, diese Erfahrungen etwas leichter verarbeiten können.

Erwerbslosigkeit ist ein nachgeholter Lernprozeß auf individuelle Kosten. Hier werden Erfahrungen gemacht, die eigentlich als Kenntnisse früher hätten vermittelt werden müssen, wie Interessenbildung, Selbständigkeit und ein Verhaltensrepertoire für den Arbeitsmarkt und die Betriebe. In der Erwerbslosigkeit baden die Mädchen aus, was an ihnen versäumt worden ist und was sie selbst vorher versäumt haben.

Dies bedeutet aber nicht, daß sie mit diesem nachgeholten Lernprozeß auch entsprechenden Erfolg erzielen können, denn die objektiv marginalisierte Arbeitsmarktsituation erweist sich für die meisten als schwerwiegendes Hindernis. Insgesamt haben die Mädchen an Zuversicht in die Zukunft verloren, das Mehrperspektivistische ihrer Entwürfe hat sich drastisch reduziert, bzw. ihr Leben wird vermutlich als langfristige Sozialisationsfolge durch Erwerbslosigkeit weiterhin „Eindeutigkeit" im negativen Sinne gewinnen.

3. Strukturelle Zusammenhänge von Belastungserfahrungen

- Bei den Belastungserfahrungen der Mädchen handelt es sich nicht um eine additive Aufzählung von Belastungen, sondern um einen Wirkungszusammenhang. Die Belastungen verstärken sich gegenseitg, wobei meistens für die Mädchen eine subjektiv hervorsticht aus dem „Belastungssyndrom".
- Was als belastend oder besonders belastend erlebt wird, ist von den individuell unterschiedlichen Lebensverhältnissen der Mädchen abhängig. Das Belastungssyndrom, das Bündel aufeinander verwiesener Belastungserfahrungen, läßt sich jeweils nur für den Einzelfall konkret nachzeichnen. Zwar kann jedes Mädchen angeben, welche Belastung sie situativ am meisten bedrückt, es läßt sich daraus aber keine Prioritätenskale erstellen, die für alle Betroffenen in gleicher Weise gilt.[13]
- Das Belastungssyndrom wandelt sich, ist situativ beeinflußbar von anderen Lebensbereichen und kann wiederum diese verändern. Aber auch Verlauf, Dauer und Wiederkehr von Erwerbslosigkeit führen zur Veränderung der Belastungen, wie auch die Belastungen Einfluß auf Verlauf, Dauer und Wiederholung der Erwerbslosigkeit der einzelnen nehmen.
- Trotz aller situativen und individuellen Unterschiede gibt es Gemeinsamkeiten: Erwerbslosigkeit setzt Strukturen, die so etwas wie einen „Überhang der objektiven Situation" generieren, der sich auch an den Belastungen ausmachen läßt: Zwar ist das Empfinden und Erleben der Belastungen in ihrer Wertigkeit unterschiedlich, aber die einzelnen Faktoren betreffen zumeist jedes Mädchen.
- Hausarbeit ist die geschlechtsspezifische Belastung in der Erwerbslosigkeit für die Mädchen. Mit ihr verquicken sich alle Belastungserfahrungen und Konflikte treten hier manifest hervor.

III. Berufliche Konsequenzen von Erwerbslosigkeit

1. *Der Verbleib nach der Erwerbslosigkeit: Ergebnisse aus einer früheren Untersuchung des IAB*

Verlaufsstudien über berufliche Werdegänge ehemals erwerbsloser Mädchen, die repräsentative Aussagen über die längerfristigen beruflichen Folgen von Erwerbslosigkeit ermöglichten, liegen nicht vor. Hinweise auf geschlechts- und altersspezifische Reaktionsweisen erwerbsloser Jugendlicher gibt eine Studie des IAB über den Verbleib[14] von Arbeitslosen nach Ablauf eines Jahres (Brinkmann/Schober-Gottwald 1976). Es handelt sich dabei um eine Stichprobe erwerbsloser Jugendlicher vom September 1974. Inzwischen ist jedoch das Risiko von Jugendlichen und insbesondere von Mädchen und jungen Frauen, erwerbslos zu werden, gestiegen. (Cramer, 1981).

Von den im September 1974 arbeitslosen jungen Frauen unter 20 Jahren hatten ein Jahr später die Hälfte (49,1 %) Arbeit angenommen, ein Viertel war erneut oder immer noch erwerbslos, 11,7 % hatten eine betriebliche oder schulische Ausbildung begonnen oder waren in Umschulungs- oder berufsvorbereitenden Maßnahmen. 13,8 % waren nicht mehr am Arbeitsmarkt vertreten, wobei der überwiegende Teil der Abgänge in den Haushalt und hier wiederum zu 70 % in den eigenen und nicht in den elterlichen führten (Brinkmann/Schober-Gottwald 1977, S. 105, Tab. 13).

Deutlich wird, daß mögliche Reaktionsweisen auf Erwerbslosigkeit altersspezifisch verteilt sind. Mit zunehmendem Alter wird es für Mädchen schwieriger oder weniger attraktiv, noch eine Berufsausbildung anzustreben.[15] Allerdings macht sich dieser altersspezifische Rückgang der Einmündungen in betriebliche oder schulische Ausbildungsgänge auch bei jungen Männern bemerkbar.

Der etwa gleich hohe Anteil von Mädchen und Jungen, die noch eine Ausbildung machen, spricht angesichts der Benachteiligung von Mädchen auf dem Ausbildungsstellenmarkt eher für die Hartnäckigkeit, mit der sie eine berufliche Qualifizierung anstreben. Insgesamt wird deutlich, daß Erwerbslosigkeit in der Jugend die Chance für eine berufliche Qualifizierung vermindert.

Jüngere Mädchen haben es offensichtlich schwerer, eine Arbeitsstelle zu finden (Berufsschulpflicht, Jugendarbeitsschutzgesetz), während für die älteren die Notwendigkeit steigt, sich allmählich finanziell „auf eigene Beine“ zu stellen.[16] Ebenfalls altersspezifisch verteilt sind die „Abgänge" junger Frauen in den Haushalt: von den unter 18jährigen sind es 8,1 %, von den älteren 15,7 %. Ein beträchtlicher Anteil junger Frauen wird also aufgrund der Erwerbslosigkeit schon in den Haushalt abgedrängt. Für sie dürften die beruflichen Folgen dieser Verdrängung entschieden negativer ausfallen als für die jungen Männer, die im Wehr- oder Wehrersatzdienst über eine vorübergehende Ausweichmöglichkeit vor dem Druck des Arbeitsmarktes verfügen.

2. Das Konzept der Alternativrollen: Eine Erklärung für unterschiedliche Reaktionsweisen auf Erwerblosigkeit?

Die unterschiedlichen Reaktionen auf Erwerbslosigkeit und vor allem die altersspezifischen „Abgänge" vom Arbeitsmarkt werden damit erklärt, daß Jugendliche über spezifische „Alternativrollen" zur Berufsarbeit verfügen. Für sie besteht die Möglichkeit, ins Bildungssystem zurückzugehen. Aufgrund ihrer noch nicht verfestigten Identifikation mit Erwerbsarbeit wird teilweise auch befürchtet, daß sie „aussteigen", die Auseinandersetzung mit beruflichen Anforderungen und betrieblichen Strukturen verweigern, bzw. Gelegenheitsarbeit machen. Im Hinblick auf weibliche Jugendliche wird betont, daß angesichts der stärkeren Benachteiligung traditionelle Lebenslaufmuster restauriert werden und sie ihre beruflichen Aspirationen frühzeitig zugunsten einer Familienkarriere aufgeben könnten.

Zwar machen schon *Brinkmann* und *Schober-Gottwald* (1976, S. 95) darauf aufmerksam, daß dieses Konzept von Alternativrollen zu global ist, um Verarbeitungsmuster und Reaktionsweisen zu erklären. Die Wahrnehmung von Alternativen zur Erwerbstätigkeit ist nach Alter, Vorbildung, sozialer Herkunft und eigenem Selbstverständnis recht unterschiedlich möglich. Trotz dieser Differenzierung lassen sich generelle Einwände gegen dieses Konzept machen. Es ist, wenn überhaupt, nur für einen Teil der Reaktionsweisen weiblicher Jugendlicher von Erklärungswert: für die 13,8 %, die sich in den eigenen oder elterlichen Haushalt zurückgezogen haben. Beim Konzept der „Alternativrollen" gerät aber leicht aus dem Blick, daß für mehr als 3/4 der jungen Frauen diese Alternative offensichtlich gar nicht existiert. Die große Mehrheit ist wieder berufstätig bzw. als „arbeitslos" registriert. Auch diejenigen, die noch eine betriebliche oder schulische Berufsausbildung machen, sehen darin kaum eine „Alternative" zur Berufstätigkeit, sondern wohl eher eine Möglichkeit, bessere Chancen auf dem Arbeitsmarkt vorzubereiten oder abzuwarten. Diese Ergebnisse verweisen klar auf die Bedeutung von Berufstätigkeit in dieser Lebensphase.

Reaktionen auf Erwerbslosigkeit, v.a. unter dem Blickwinkel von möglichen Alternativen zu analysieren, geht auch an den faktischen Interessen der Mädchen vorbei, die sich ins Erwerbsleben integrieren wollen (vgl. I 1) und dies auch durch ihr zielstrebiges Sucherverhalten dokumentieren (5. Jugendbericht 1980, S. 75). Darüber hinaus ist zumindest zweifelhaft, ob in dieser Lebensphase eine Existenz als Hausfrau materiell möglich ist, da die Aufbauphase der Ehe und die Vorfinanzierung der Kinderphase die Erwerbsarbeit der Ehefrau für die meisten notwendig machen. Es ist anzunehmen, daß ein Rückzug in den Haushalt (ob in den elterlichen oder in den eigenen) in dieser Lebensphase zumeist ein unfreiwilliges und vorübergehendes Ausweichen darstellt, also eine zeitliche Problemverschiebung, jedoch keine „Alternative" oder längerfristige Lösung des Problems.[17]

Um die Auseinandersetzungsformen der Mädchen mit Erwerbslosigkeit erklären zu können, müssen die unterschiedlichen Reaktionsweisen vor dem Hintergrund der Bedeutung von Beruf im Lebenszusammenhang weiblicher Jugendlicher betrachtet und auf deren aktuelle Lebenslage und Lebensentwürfe bezogen werden.

Wenn es darum geht, berufliche Konsequenzen von Jugendarbeitslosigkeit aufzuzeigen, ist die Frage nach der Wiedereingliederung zu eng. Das Problem ist nicht damit gelöst, daß Erwerbslose wieder Arbeit gefunden haben. Um das Ausmaß der durch Erwerbslosigkeit hervorgerufenen Arbeitsmarktrisiken angeben zu können, müssen auch die erreichten Berufspositionen in die Analyse mit einbezogen werden.

3. Marginalisierungsprozesse durch Erwerbslosigkeit

Die geringen „Fallzahlen" unserer Studie lassen verallgemeinerbare Aussagen über den Verbleib arbeitsloser Mädchen nicht zu. Die 29 von 52 Mädchen, die wir 1 1/2 Jahre nach der damaligen Erwerbslosigkeit noch einmal befragten, setzten sich alle in unterschiedlicher Weise mit dem durch Erwerbslosigkeit zugespitzten Problem der Integration in Beruf auseinander. Aus ihren Entwicklungen lassen sich die spezifischen Schwierigkeiten und Reaktionsweisen derjenigen Mädchen herauslesen, die sich nicht vom Arbeitsmarkt in den Haushalt zurückziehen wollen und können.[18] Die Tatsache, daß ein beträchtlicher Teil der Mädchen wieder erwerbslos war,[19] verweist schon auf die großen Schwierigkeiten, die sich nach einem mißglückten Übergang von der Schule in den Beruf ergeben. Wohl am nachhaltigsten wird durch Erwerbslosigkeit der Wunsch und die Möglichkeit, eine berufliche Ausbildung zu beginnen, beeinträchtigt: diesen Weg haben die wenigsten Mädchen aus dem Sample eingeschlagen. Die Hälfte hat mittlerweile un- oder angelernte Arbeit angenommen, einigen wenige holen Bildungsabschlüsse nach oder machen eine schulische Berufsausbildung. Eine Problemgruppe stellen aber nicht allein die wieder erwerbslosen Mädchen dar, sondern auch die Wiederbeschäftigten. Die Spannweite der Tätigkeiten reicht von angelernten Büro- und Verkaufstätigkeiten über Fabrikarbeit bis zu einfachen Hilfstätigkeiten im Lager oder Fotolabor. Keiner dieser Arbeitsplätze bietet die längerfristige Perspektive einer ausbaufähigen beruflichen Position, darüber hinaus sind einige dieser Stellen zeitlich befristet. Hinzu kommt, daß nur wenige der Mädchen schon mehr als drei Monate auf ihren jetzigen Arbeitsplatz sind, einige haben noch nicht die Probezeit hinter sich. Noch 1 1/2 Jahre nach der damaligen Erwerbslosigkeit ist es erst ganz wenigen Mädchen gelungen, sich voraussichtlich für ein paar Jahre fest im Lohnarbeitssystem zu integrieren.

Nicht nur die Arbeitssituationen deuten auf die enormen Integrationsschwierigkeiten erwerbsloser Mädchen hin, auffallend ist, und dies gilt über die einzelnen Gruppen hinweg, daß die berufliche Entwicklung nach der Erwerbslosigkeit gekennzeichnet ist durch hohe Fluktuation und mehrmalige Erwerbslosigkeit.

Daß die Probleme nicht beseitigt sind, wenn die Mädchen wieder Arbeit gefunden haben, zeigen auch Erfahrungsberichte aus der Projektarbeit mit erwerbslosen Mädchen (Gerstung 1980; Verein für psychische und soziale Initiativen e.V. 1980). Dabei wird hervorgehoben, daß die Sozialisation durch Erwerbslosigkeit bei den Mädchen einerseits Angst, Verunsicherung, Vermeidungsstrategien und eine niedrige Frustrationstoleranz hervorrufen und somit das Einpassen in den reglementierten Arbeitsprozeß erschwert. (Gersting 1980, S. 150). Andererseits werden erwerbslose Mädchen aber gerade belastende, perspektivelose Arbeiten, oft zeitlich befristete Gelegenheitsarbeit zugemutet, die wenig Anknüpfungspunkte für berufliche Orientierung bieten.[20]

4. Das Konzept des Handlungsspielraums zur Erklärung unterschiedlicher Entwicklungen nach der Erwerbslosigkeit

An den Mädchen unseres Samples zeigte sich immer wieder, daß sich hinter dem geschilderten Marginalisierungsprozeß der Erwerbslosen gleichwohl recht unterschiedliche Entwicklungen verbergen, die sich nicht allein aus Persönlichkeitsveränderungen und den zunehmend restriktiveren Bedingungen auf dem Arbeitsmarkt erklären lassen. In der Verlaufsanalyse kommen sozial-strukturelle, biographische und situative Einflüsse deutlich zum Vorschein. Sie stellen jeweils unterschiedliche Rahmenbedingungen für die Handlungsspielräume der Mädchen dar, die sich erneut um den Berufseinstieg bemühen. Sie sind gesetzt durch die spezifische Lebenssituation und Lebensphase, in der sie sich befinden. Die individuellen Handlungsmöglichkeiten der Mädchen werden darüber hinaus noch beeinträchtigt durch den Widerspruch zwischen geforderter Eigenaktivität und der Beschränkung der Handlungsmöglichkeiten in der Erwerbslosigkeit. (Vgl. II)

Es ist an dieser Stelle nicht möglich, spezifische Bedingungszusammenhänge und ihre Bedeutung für unterschiedliche Handlungsspielräume der Mädchen ausführlich darzustellen. Wir wollen einige wesentliche Zusammenhänge aufzeigen, die je nach Situation unterschiedliche Prozesse in Gang setzen. Dabei handelt es sich nicht um Kausalerklärungen, wir können angeben, welche objektiven Bedingungen oder subjektiven Strategien Entwicklungen begünstigen oder behindern, nicht jedoch bedingen oder ausschließen.

5. Schichtspezifisch unterschiedliche Handlungsspielräume erwerbsloser Mädchen

Das Reproduktionsmilieu der Herkunftsfamilie und der darüber vermittelte Erwartungshorizont der Mädchen beeinflussen entscheidend die Reaktionsmöglichkeiten der Mädchen auf die Bedingungen am Arbeitsmarkt (Bilden u. a. 1981). Arbeitertöchter spüren den Druck, die Erwerbslosigkeit möglichst schnell zu beenden und ihre Interessen bald abzuklären, damit sie Selbständigkeit in ihrer Lebensführung erreichen und die Familie in absehbarer Zeit finanziell entlasten. Da ihre Erwartungen an die Verbesserbarkeit der Arbeits- und Lebensmöglichkeiten über eine berufliche Ausbildung gescheitert sind, sie gleichwohl an einer Integration in Beruf interessiert bleiben, sind sie gezwungen, ihre Interessen den restriktiven Bedingungen des Frauenarbeitsmarkts für ungelernte Tätigkeiten anzupassen. Darüber hinaus sind sie genötigt, auf der Suche nach einer einigermaßen befriedigenden Arbeit die Dauer der Erwerbslosigkeit möglichst kurz zu halten, um eine Marginalisierung zur Gelegenheitsarbeiterin zu verhindern.

In unser Sample gerieten als „Schulversagerinnen" auch einige Mädchen aus dem Mittelschichtmilieu (kleine Selbständige, Freiberufler).[21] Deutlich wird, daß sie aufgrund der entlasteteren materiellen Situation in der Herkunftsfamilie und aufgrund ihres Erwartungshorizonts, der ungleich weiter ist als die formalen Möglichkeiten ehemaliger Hauptschülerinnen, einen größeren Spielraum gegenüber den Zwängen des Arbeitsmarktes haben. Sie können sich Zeit lassen, Erwerbslosigkeit als Moratorium begreifen, wie es die Schule eigentlich hätte sein sollen, auch wenn sie unter den Belastungen der Situation ebenfalls zu leiden haben. Dies kann so weit gehen wie bei den Mittelschicht-Mädchen in unserem Sample, die vorerst gar nicht mehr an einer Integration in berufliche Laufbahnen interessiert sind.[22] Ihr Leben als Gelegenheitsarbeiterin mit ausgedehnten Phasen von selbstgewählter Erwerbslosigkeit ist Ausdruck ihrer Abkehr von „normaler" Berufsarbeit, der Versuch, ihre Jugendwelt zu konservieren und die Festlegung auf einen sozial niedrigen Status zu vermeiden.[23] Sie entwickeln vage Vorstellungen alternativer Arbeits- und Lebensmöglichkeiten, es fehlen ihnen jedoch oft Energie und Wege, den Versuch der Realisierung zu wagen.

6. Längerfristige Auswirkungen von Erwerbslosigkeit auf die Bedeutung von Beruf im weiblichen Lebenszusammenhang

Erwerbslosigkeit hat längerfristige Folgen für die Arbeitsmarktchancen weiblicher Jugendlicher, das zeigen die beruflichen Werdegänge der Mädchen, die auch 1 1/2 Jahre nach einer Erwerbslosigkeit noch um den verlorenen Anschluß im Beruf kämpfen müssen. Prognosen sind schwer zu machen, da es sich um „Biographien" im Werden handelt, dennoch aber lassen sich aus den eingetretenen Entwicklungen Schlüsse ziehen, die zumindest die Reichweite möglicher Auswirkungen auch auf die beruflichen Orientierungen angeben können.

Bei Mädchen unseres Samples, die eine starke vorgängige berufliche Orientierung „mitbringen", hat die Erfahrung von Erwerbslosigkeit nicht unmittelbar zur Folge, daß die bei weiblichen Jugendlichen tendenziell angelegte Orientierung auf eine Familienkarriere verstärkt wird. Dies aus mehreren Gründen: Paradoxerweise tritt durch das Fehlen von Berufsarbeit und durch die Belastungen in der Erwerbslosigkeit bei den Mädchen gerade eine Sensibilisierung ein für die Bedeutung von Beruf in ihrer aktuellen Lebenssituation und für ihr zukünftiges Leben.

Gleichzeitig aber wird durch Erwerbslosigkeit die Chance der Integration verringert. Diese Diskrepanz ist für die betroffenen Mädchen umso schwerer auszuhalten und umso weniger leicht in eine „Familienorientierung" aufzulösen als sie in der Erwerbslosigkeit durch die selbstverständliche Verpflichtung zu mehr Hausarbeit im Elternhaus ein negativ gefärbtes Verhältnis zur Hausarbeit aufgebaut haben. Neben der aktuellen Ablehnung von Hausarbeit im Elternhaus besteht aber die positive Vorstellung von der Arbeit im späteren eigenen Haushalt. Aus diesem zukünftigen Wunschbild von Hausarbeit und Diskrepanz zwischen beruflichen Erwartungen und Chancen kann sich eine Abnahme der beruflichen Orientierungen ergeben. Allerdings ist dies offensichtlich das Ergebnis eines längeren Prozesses beruflicher Enttäuschungen und setzt nicht schon unmittelbar in der Erwerbslosigkeit ein.

Erwerbslosigkeit von Mädchen ist vielfach die Folge der Schwierigkeit, das Ausbildungsinteresse durchzusetzen. Die Ausbildungsmotivation ist aufgrund der erfahrenen Benachteiligungen auf dem Stellenmarkt, der schlechten Ausbildungsbedingungen und des Einblicks in spätere Einsatzbedingungen meist schon angeknackst, wenn die Mädchen erwerbslos werden. Die Realität von Frauenberufen, wie sie die Mädchen kennenlernen, demotiviert; ihr Ausbildungsinteresse aufrecht zu erhalten durch die Erwerbslosigkeit hindurch und trotz ernüchternder Erfahrung in der Ausbildung gelingt am ehesten, wenn sich die Mädchen eher an den formalen Möglichkeiten des Lehrabschlusses (z.B. Weiterbildung) orientieren als an den Inhalten des Lehrberufes.

Das allmähliche Abbröckeln des Ausbildungsinteresses ist der krasse Ausdruck davon, daß durch Erwerblosigkeit – zumindest vorübergehend – die berufliche Perspektive extrem verkürzt wird – es geht erst einmal nur darum, diese Situation zu beenden. Das instrumentelle Interesse an der Vermarktbarkeit der eigenen Arbeitskraft verdrängt inhaltliche Interessen, ein Tatbestand, der sich auch bei anderen Arbeitslosengruppen finden läßt.[24]

Mädchen sind unbescheidener geworden, was Beruf anbelangt und eine Weile lang scheint die noch wenig verfestigte Berufsidentität in der Jugend auch ein Schutz vor Anpassung um jeden Preis zu sein. Einige riskieren eher eine erneute Erwerbslosigkeit, als daß sie sich sofort mit den perspektivelosen Tätigkeiten zufrieden geben, die ihnen zugemutet werden. Umgekehrt aber streben sie danach, sich durch berufliche Erfahrungen weiterentwickeln zu können. Deshalb suchen sie auch immer wieder nach Arbeit.

Was auch teilweise hilfloses Abwehren aufgezwungener Marginalisierung ist, wirkt jedoch wie ein Bumerang: ihr „unstetes" Berufsverhalten wird von den Betrieben gerade als Fehlen einer beruflichen Perspektive ausgelegt – etwas, was Frauen als Arbeitskräftegruppe an sich unterstellt wird (Weltz u.a. 1979) – und führt zu einer Perpetuierung des Zirkels von miesen Jobs und Erwerbslosigkeit. Dadurch wird auf die Dauer die selbstmotivierende Kraft der beruflichen Interessen und Ambitionen ausgehöhlt. Erwerbslosigkeit und die dadurch in Gang gesetzte Entwicklung einer „negativen" Berufskarriere zusammen treiben die Mädchen in die Defensive. Arbeitsplätze werden nun nicht mehr nach den eigenen Erwartungen und Interessen beurteilt, sondern gemessen an den vorangegangenen Erfahrungen. Sind sie nicht so schwer, nicht so stumpfsinnig, nicht zeitlich begrenzt, kurzum: besser als frühere, dann werden sie als erträglich angesehen.

Insgesamt zeigt das berufliche Verhalten von Mädchen nach der Erwerbslosigkeit, daß die berufliche Orientierung sehr starkt vermittelt ist mit Identitätsentwürfen und Lebensvorstellungen und deshalb nicht einfach abgeschwächt oder aufgegeben werden kann. Die Verlusterfahrung, die Enttäuschung über unerfüllte Hoffnungen und abgeblockte Anstrengungen sind bei den Mädchen noch nicht verdrängt. Es finden sich Anzeichen, daß die Betonung der Familienorientierung, wenn sie auch aktuell keine alternative Entscheidungsperspektive vermitteln kann, so doch eine Folie abgibt für das retrospektive Stimmigmachen von Brucherfahrungen. (Heinz Krüger 1981, S. 675) Dies ist um so verführerischer, als auf gesellschaftlicher Ebene der Hinweis auf den „eigentlichen" Arbeitsplatz der Frau im Haus ja wieder unverfrorener benützt wird, um über die zunehmenden Benachteiligungen von Frauen auf dem Arbeitsmarkt hinwegzuargumentieren.

In den Biographieentwürfen der Mädchen sind Ehe und Familie vorgesehen, aber normalerweise nicht, bevor sie die berufliche Integration geschafft haben. Der Lebensentwurf für die kommenden Jahre ist geprägt durch den Wunsch nach Freizügigkeit, Konsummöglichkeiten und Selbständigkeit des Lebensstiles, gerade weil sie erwarten, diese Bedürfnisse in der Familie später hintanstellen zu müssen. Die kommende Lebensphase basiert auf finanzeller Sicherung durch Berufstätigkeit. Dieser Entwurf hat durchaus widersprüchliche Auswirkungen auf die Auseinandersetzung mit Erwerbslosigkeit: einerseits wird dadurch die Notwendigkeit der Erwerbstätigkeit für die kommenden Jahre auch subjektives Ziel der Mädchen, so daß sie trotz der Rückschläge und Mißerfolge weiter um ihre berufliche Integration kämpfen. Andererseits aber kann gerade durch Erwerbslosigkeit ein enormer Zeitdruck entstehen, die aufgeschobene Selbständigkeit möglichst rasch zu erreichen. Das wiederum spielt auch eine Rolle, wenn die Mädchen „keine Zeit“ mehr für eine Ausbildung haben. Wenn es ihnen aber nicht nur darum geht, möglichst schnell ökonomisch selbständig zu werden, sondern eine solide Basis für eine individuelle Lebensplanung zu suchen, kann dieser Lebensentwurf auch längerfristige Qualifizierungsanstrengungen anregen (Schule, berufliche Weiterbildung).

Die Mädchen haben durch Erwerbslosigkeit von beiden Arbeitsformen, mit denen sie sich im Verlauf ihres weiteren Lebens auseinandersetzen müssen, die schlechten Seiten kennengelernt: von der Hausarbeit die Seite der Abhängigkeit, Isolation und gesellschaftliche Geringschätzung, von der Lohnarbeit die Unsicherheit, den Anpassungszwang und die Ausgrenzung vitaler Interessen. Noch ist in diesen Biographien „im Werden“ nicht entschieden, wie sie mit Ambivalenzen gegenüber beiden Arbeitsformen umgehen werden. Aktuell machen die Mädchen die Erfahrung, daß ihnen die Aufnahme einer Berufstätigkeit wieder mehr Handlungslegitimation und -möglichkeiten bringt, so daß abgeblockte Entwicklungsprozesse wieder in Gang gebracht werden können. Außerdem wissen viele aus dem Beispiel ihrer Mütter, daß die Ehe keine Sicherung mehr für ihre ökonomische und soziale Existenz darstellen kann. Aus ihren Erfahrungen schließen sie inzwischen, daß das Versprechen auf die Verbesserung individueller Lebenschancen durch Beruf weitgehend unerfüllt bleiben wird und sie eben daher auch keine bleibende Sicherung ihrer Identität und Existenz durch den Beruf finden können. Sie sind auf Ehe und Erwerbstätigkeit angewiesen.

Die Perspektive der Doppelarbeit kann zur Zwickmühle werden: Zwar entgehen selbst die wenigen Mädchen, die ihre Pläne zur Eheschließung und Familiengründung vorverlegen im allgemeinen nicht der Notwendigkeit zur Erwerbsarbeit, aber Beruf bekommt einen abgeleiteten Sinn, der durch die Beziehung und deren Entwicklung gesetzt wird. So kann es geschehen, daß die jungen Frauen mehr in ihre Familienkarriere investieren, auch wenn sie davon ausgehen, daß die Unterbrechung für die Phase der Kinderaufzucht wohl nur sehr kurz sein wird.

Erwerbslosigkeit ist sowohl in ihren Ursachen wie in ihren Auswirkungen die Zuspitzung der „normalen“ Situation von Frauen auf dem Arbeitsmarkt und wirft ein Schlaglicht auf deren Benachteiligung. Die Folgen sind, trotz der immensen Anstrengungen der Betroffenen, bis auf wenige glückliche Ausnahmefälle, die „altbekannten“ Prozesse, die Frauen zu bescheidenen Arbeitskräften machen und ihre beruflichen Interessen zu ersticken drohen. Zwar geschieht dies angesichts der geweckten Aspirationen und der Auffächerung der Lebensmöglichkeiten junger Frauen (die Berufstätigkeit notwendig machen), nicht reibungslos. Trotzdem wird zu einem sehr frühen Zeitpunkt selbst ein starkes berufliches Interesse in einem Ausmaß behindert, daß es fraglich erscheint, ob es später noch einmal zum Tragen kommen kann. Bedenkt man außerdem, daß selbst das Forschungsinstitut der Bundesanstalt für Arbeit zu dem Schluß kommt, daß „das Risiko, arbeitslos zu werden bei Jugendlichen wesentlich größer ist als bei Erwachsenen, Arbeitslosigkeit bei Jugendlichen daher kein Minderheitenproblem, sondern eine beinahe normale Erscheinung ist" (Cramer 1981, S. 154) und die stärkere Betroffenheit der weiblichen Jugendlichen erwiesen ist, dann kann man davon ausgehen, daß diese Prozesse des „cooling out" durch Erwerbslosigkeit noch verstärkt werden und immer früher die berufliche Sozialisation junger Frauen bestimmen. Es besteht die Gefahr, daß Mädchen wieder bescheiden gemacht werden, bevor sie überhaupt Ansprüche anmelden können und daß sie aufgrund ihrer vergeblichen beruflichen Integrationsversuche früh zu der Gruppe der Abhängigen und Armen gehören, die für den größten Teil ihres Lebens von befriedigenden materiellen Ressourcen und Lebensmöglichkeiten abgeschnitten bleiben.

Anmerkungen

1 *Savier* und *Wildt* (1978) betonen, daß viele Schwierigkeiten der Mädchen, erwachsen zu werden, auch darin begründet liegen, daß sie selbständig werden, z. B. finanziell bald auf eigenen Füßen stehen sollen, gleichzeitig aber in der Pubertät verstärkt konfrontiert werden mit gesellschaftlich definierten weiblichen Rollenanforderungen und Behütungstendenzen.

2 Daß sich in unserer Studie „Jugendarbeitslosigkeit und weibliche Normalbiographie" zahlreiche Hinweise auf eine Diversifikation von Lebensmöglichkeiten im Alltag weiblicher Jugendlicher ergeben haben, liegt sicherlich auch daran, daß überwiegend Mädchen aus der Großstadt im Sample vertreten sind.

3 In dieser Allgemeinheit kann das hier Gesagte in gleicher Weise für Jungen wie für Mädchen gelten.

4 In unserem Sample waren mehr als die Hälfte der 52 Mädchen der Erstbefragung beim Arbeitsamt nicht als „arbeitslos" registriert. Und dies, obwohl es in einer neueren Untersuchung heißt: „Die Zahl der registrierten weiblichen jugendlichen Arbeitslosen ist weitgehend höher als die der männlichen." (von der Haar/Stark - von der Haar, S. 38). So scheinen unsere Ergebnisse die Aussage zu bestätigen, daß die Dunkelziffer der Jugenderwerblosen immer größere Ausmaße annimmt. (Ebd. S. 26)

5 Hierbei ist zu bedenken, daß erwerbslose Mädchen in der Regel zu diesem Zeitpunkt als Schulabgängerinnen oder mit nur kurzfristigen Tätigkeiten oder einer abgebrochenen Ausbildung keinerlei Anspruch auf Arbeitslosengeld oder -hilfe haben.

6 *Burger/Seidenspinner* (1977) und *Schober-Gottwald* (1978) schildern die Familie ebenfalls als Ort der Konflikte in der Erwerbslosigkeit, während *Opaschowski* (1976) sie als „Schutzwall" für die Jugendlichen beschreibt. Dies mag auch an der homogenen Sozialstruktur seines Untersuchungsortes liegen, an dem viele Jugendliche gleichzeitig von Erwerbslosigkeit betroffen waren und deswegen von den Eltern nicht so diskriminiert wurden. Auch für die Mädchen gab es in einzelnen Fällen oder partiell immer wieder Unterstützung durch die Familien. Zu Beginn der Erwerbslosigkeit oder in besonders günstigen Fällen kann sich die Familie als Ort der Solidarität und Hilfe erweisen, als generelles Verhaltensmuster der Eltern ließ sich dies in unserem Sample nicht auffinden.

7 Wir müssen allerdings darauf hinweisen, daß wir möglicherweise auch eine ganz spezifische Auslese von Mädchen durch die Wiederbefragung haben. Den Mädchen, die ein Zweitinterview ablehnten, ist es vermutlich weniger gut ergangen, so daß sie eine zweite Befragung verweigerten, weil sie wesentlich resignierter und isolierter waren als das verbleibende Sample.

8 Die Einschätzung von *Opaschowski* (1976, S. 19), daß „arbeitslose Mädchen viel weniger oft Langeweile haben, weil sie, sobald arbeitslos, viel stärker in den Ablauf der häuslichen Arbeiten eingespannt werden", können wir anhand unserer Ergebnisse nicht teilen. Er behauptet sogar, daß – unabhängig davon ob die Arbeiten gern oder ungern getan werden – sie doch als eine relativ angemessene Betätigung gesehen werden.

9 Auch *Schober-Gottwald* (1978) betont in ihrer Untersuchung, daß dadurch, daß Mädchen mehr in den Familien gehalten würden, sich ihre Erwerbslosigkeit verlängert. Die Funktion der Hausarbeit in diesem Zusammenhang wird allerdings nirgendwo erwähnt.

10 Wir konnten dies allerdings nicht generell bei den Mädchen feststellen. Es gilt nur für einige Mädchen und auch nur phasenweise.

11 Ein direkter, ursächlicher Zusammenhang zwischen Erwerbslosigkeit und Selbstmordversuchen läßt sich auch deshalb kaum herstellen, weil manche der von den Mädchen berichteten Selbstmordversuchen nicht in der Zeit der Erwerbslosigkeit stattfanden.

12 So hat ja auch *Bloch* die Existenz und Wichtigkeit von antizipatorischen Vorstellungen für die Entwicklung des Menschen herausgestellt.

13 Dies mag für einige Studien über erwerbslose Erwachsene durchaus möglich sein, für die finanzielle Probleme oft an erster Stelle genannt werden. Längere Berufserfahrung, die Verfügung über mehr materielle Ressourcen und die andere Lebens- und Familiensituation tragen hier zu einer Eindeutigkeit bei, die sich vermutlich auch für männliche Jugendliche so nicht herstellen läßt.

14 Eine Analyse des Verbleibs von Erwerbslosen gibt nur das Saldo eventuell recht unterschiedlicher Entwicklungen wieder. Damit wird zwar eine Verteilung möglicher Reaktionsweisen aufgezeigt, die Verläufe selbst, die erst zu diesen Ergebnissen geführt haben, bleiben aber ausgeblendet.

15 Während von den Mädchen unter 18 Jahren noch 15% eine schulische oder betriebliche Ausbildung begannen, reduzierte sich dieser Anteil bei den jungen Frauen zwischen 18 und 20 Jahren auf 8,6%. (Brinkmann/Schober-Gottwald 1976, Tab. 13, S. 105)

16 53,6% der Mädchen zwischen 18 und 20 Jahren haben innerhalb eines Jahres wieder Arbeit angenommen, während der Anteil bei den jüngeren Mädchen unter 18 Jahren bei 44,1% liegt. Entsprechend höher ist der Anteil der Mädchen unter 18 Jahren, die wieder oder noch erwerbslos sind: 30,8% im Vergleich zu 20,7% bei den über 18jährigen.

17 Ein Hinweis darauf findet sich auch bei *Brinkmann/Schober-Gottwald* (1976, S. 105): Bei den Abgängen in Hausfrauentätigkeiten handelte es sich in vielen Fällen nicht um ein endgültiges Ausscheiden aus dem Erwerbsleben. Immerhin 35% der im April 1975 im Haushalt verbliebenen Frauen waren im September 1975 wieder auf dem Arbeitsmarkt vertreten, sei es als Erwerbstätige (14%) oder als arbeitslos gemeldete (22%). Die Zahlen beziehen sich auf die Frauen aller Altersgruppen der Stichprobe, nicht allein auf die Jugendlichen.

18 Von den 29 Mädchen, die wir zweimal befragten, lebte nur eine junge Mutter als Hausfrau. Sie war schon beim 1. Gespräch verheiratet und Mutter; hatte sich damals aber arbeitslos gemeldet um Halbtagsarbeit zu finden. Ihre Wiedereingliederung scheiterte nach einem Monat Teilzeitarbeit, weil sie keine befriedigende Lösung für die Unterbringung ihres Kindes fand. Sie hat sich jetzt – bis zur Kindergartenzeit – „freiwillig" zurückgezogen. Ob sich die Mädchen, die wir nicht wiederfinden konnten, in den Haushalt zurückgezogen haben, können wir nicht sagen. Von den Mädchen, die wir erreichen konnten, die aber ein 2. Gespräch ablehnten, war keine Hausfrau; sie waren entweder erwerbslos, arbeiteten als Ungelernte oder waren Gelegenheitsarbeiterinnen.

19 Dies gilt auch für einen Teil der Mädchen, die wohl aus diesem Grund ein zweites Interview ablehnten.

20 Zeitlich befristete Arbeit (Aushilfstätigkeiten, Arbeit bei Leihfirmen) machen insbesondere viele Mädchen unter 18 Jahren, die mit Hinweis auf ihre Berufsschulpflicht von vielen Firmen bei der Bewerbung um feste Stellen abgelehnt werden.

21 Es handelt sich also um eine spezifische „Auswahl" von Mädchen mit Mittelschichtherkunft. Unsere Aussagen beziehen sich nur so weit auf Mittelschichtmädchen allgemein, als es sich um den Rahmen der Handlungsmöglichkeiten handelt, nicht jedoch, wenn es um die besonderen Verhaltensweisen dieser spezifischen Auswahl geht. Es wird in einem Vergleich dieser Mädchen mit denen aus Arbeiterfamilien vor allem deutlich, wie eng der durch das Reproduktionsmilieu vorgegebene Spielraum der Arbeitermädchen ist.

22 Dabei ist zu bedenken, daß diese Mädchen ihre Schwierigkeiten mit Laufbahnen, Leistungsanforderungen und -zielen schon durch den Bruch ihrer Schulkarriere signalisieren.

23 Keinesfalls aber entsprechen diese Mädchen dem Vorurteil des „Arbeitsscheuen", der sich auf Kosten „der anderen" ein schönes Leben macht. Sie melden sich nicht arbeitslos und erhalten daher auch keine Arbeitslosenunterstützung.

24 Sicherheitsmotive im Zusammenhang mit Berufstätigkeit bestimmen die Arbeitsorientierung erwerbsloser Frauen stärker als die berufstätiger. Ebenso ist bei ersteren die Konzessionsbereitschaft, was Arbeitsbedingungen und Verdienst anbelangt, größer als bei letzteren. Vgl. *Heinemann* u.a. 1981, S. 563, 580.
Bei den von uns befragten Mädchen zeigte sich, daß spätestens wenn sie wieder erwerbstätig sind, die zurückgedämmten inhaltlichen Interessen wieder vor drängen und die erwartete Gleichgültigkeit gegenüber den zugemuteten Arbeitsbedingungen und Tätigkeiten verhindern.

Literaturverzeichnis

Becker-Schmidt, R: Wunsch nach Familie – berufliche Orientierung, zwei Bezugspunkte, zwei Fluchtpunkte, eine Zwickmühle im Lebenszusammenhang junger Arbeiterfrauen, in: Universität Bremen. Hochschultage Berufliche Bildung 1980, Arbeitsmaterialien Tagungsschwerpunkt „Berufliche Bildung von Frauen", S. 185-204

Becker-Schmidt, R./*Knapp,* G.-A./*Rumpf,* M.: Frauenarbeit in der Fabrik. Betriebliche Sozialisation als Lernprozeß? in: Gesellschaft. Beiträge zur Marxschen Theorie 14, Frankfurt/M. 1981, S. 52-74

Bilden, H./*Diezinger,* A./*Marquardt,* r./*Dahlke,* K.: Arbeitslose junge Mädchen. Berufseinstieg, Familiensituation und Beziehungen zu Gleichaltrigen. in: Zeitschrift für Pädagogik, 27 Jg., Heft 5/1981, S. 677-695

Brigitte / DJI, Mädchen 82, Hamburg 1982

Brinkmann, Ch./*Schober-Gottwald,* K.: Zur beruflichen Wiedereingliederung von Arbeitslosen während der Rezession 1974/75, in: MittAB 2/76, 9. Jg., S. 91-116

Burger, A/*Seidenspinner,* G.: Jugend unter dem Druck der Arbeitslosigkeit, München 1977

Cramer, U.: Bewegungsanalyse der Arbeitslosigkeit von Jugendlichen. in: MittAB 2/1981, 14. Jg., S. 147-155

Deutscher Bundestag: Fünfter Jugendbericht, Drucksache 8/3685, Bonn 1980

Diezinger, A./*Marquardt,* R.: Der Arbeitsmarkt und die These vom weiblichen Arbeitsvermögen, in: Universität Bremen, a.a.O., S. 68-88

Diezinger, A./*Marquardt,* R./*Bilden,* H.: Jugendarbeitslosigkeit und weibliche Normalbiographie, in: Weibliche Biographien, Beiträge zur feministischen Theorie + Praxis, Nr. 7, 1982, S. 76-83

Diezinger, A./*Eckart,* Ch./*Kramer,* H./*Marquardt,* R./*Martiny,* U./*Metz-Göckel,* S.: Die Arbeit der Frau in Betrieb und Familie, in: Littek, W./Rammert, W./Wachtler, G. (Hrsg.): Einführung in die Arbeits- und Industriesoziologie, 1982 Frankfurt/New York

Eckart, Ch./*Jaerisch,* U./*Kramer,* H.: Frauenarbeit in Familie und Fabrik, Frankfurt/M. 1979

Gerstung, K.: Soziale Lage und Bewußtseinsformen arbeitsloser Mädchen, in: Roer, D. (Hrsg.): Persönlichkeitstheoretische Aspekte von Frauenarbeit und Frauenarbeitslosigkeit, Köln 1980

Heinemann, K./*Röhrig,* P./*Stadie,* R.: Arbeitslose Frauen im Spannungsfeld von Erwerbstätigkeit und Hausfrauenrolle, Forschungsbericht Nr. 10 der Konrad-Adenauer-Stifung, Melle 1980

Heinz, W./*Krüger,* H.: Berufsfindung unter dem Diktat des Arbeitsmarktes. Zur Entstehung weiblicher Normalbiographien, in: Zeitschrift für Pädagogik, 27. Jg., Heft 5/1981, S. 661-676

Jugendwerk der Deutschen Shell (Hrsg.): Jugend '81. Lebensentwürfe, Alltagskulturen, Zukunftsbilder. 3 Bde., Hamburg 1981

Konopka, G.: Young girls, A portrait of adolescence, Englewood Cliffs, N.J. 1976

Marquardt, R./*Diezinger,* A./*Dahlke,* K./*Bilden,* G.: Jugendarbeitslosigkeit und Normalbiographie, Arbeitsbericht 1980, München

Morgenroth, Ch.: Zwischen Anpassung und Selbstzerstörung. Zur Identitätsproblematik jugendlicher Arbeitsloser. Dissertation Hannover 1981

Van Onna, B.: Jugend und Vergesellschaftung, Frankfurt/M. 1976

Opaschowski, H.: Soziale Arbeit mit arbeitslosen Jugendlichen, Opladen 1976

Projekt Jugendbüro (Hrsg.): Karin Q., Wahnsinn, das ganze Leben ist Wahnsinn, Frankfurt/M. 1978

Savier, M./*Wildt,* C.: Mädchen zwischen Anpassung und Widerstand, München 1978

Schober-Gottwald, K.: Der Weg in die Arbeitslosigkeit. Berufliche und soziale Herkunft von jugendlichen Arbeitslosen, in: MittAB 1/77, 10. Jg., S. 143-165

Schober-Gottwald, K.: Arbeitslose Jugendliche: Belastungen und Reaktionen der Betroffenen, in: MittAB 2/78, 11. Jg., S. 199-215

Verein für psychische und soziale Initiativen e.V.: Projekt Beratung und Anleitung zur Selbsthilfe für arbeitslose Mädchen, Jahresberichte 1979, 1980, 1981, München

von der Haar, H./*Stark' von der Haar,* E.: Jugendarbeitslosigkeit und soziale Sicherheit. Eine Studie zur materiellen und sozialen Notlage arbeitsloser Jugendlicher, Berlin 1982

Wacker, A.: Arbeitslosigkeit, Frankfurt/M. 1976

Weltz, F./*Diezinger,* A./*Lullies,* V./*Marquardt,* R.: Junge Frauen zwischen Betrieb und Familie, Frankfurt 1979

Zur Situation behinderter Mädchen — Realität und Träume im Kontrast

Inhalt

„Heiraten möchte ich nicht. Ich hätte immer Angst, daß einem Mann – so gern er mich vielleicht zunächst hätte – meine Behinderung auf die Nerven gehen würde. Daß er dann wegläuft und sich eine mit langen Armen sucht. Darum will ich mich ganz auf eine gute Berufsausbildung konzentrieren. Das ist ewas, was ich wirklich schaffen möchte. Dann kann mir nichts mehr passieren. Für meine Arme haben meine Eltern zwar eine ‚Abfindung' bekommen und das Geld für mich auf die Bank gelegt. Aber der Betrag ist niedrig. Ich kann davon nicht einmal studieren.
Ich finde, ich habe eine gute Figur und lange, schlanke Beine. Ich bin genauso hübsch wie viele andere Mädchen. Wenn ich mich mal schönmachen möchte, male ich mir die Fingernägel mit Nagellack an. Ich habe mich an meine fehlenden Arme gewöhnt. Ich kann damit leben."

(„Ich bin ein Contergan-Kind", zitiert nach Ernst Klee: Behinderten-Report II. Wir lassen uns nicht abschieben, Frankfurt a.M. 1976, S. 178.)

Einleitung

Die Situation behinderter Mädchen in der Bundesrepublik und West-Berlin wurde bisher nicht explizit zum Gegenstand wissenschaftlicher Analysen gemacht.

Die Behindertenpädagogik, die den größten Forschungsanteil im Behindertensektor hat, befaßt sich zwar fast ausschließlich mit behinderten Kindern/Jugendlichen, allerdings konzentriert sie sich auf die Erziehung und Unterrichtung – primär in *Sonder*-Einrichtungen, vor allem in Sonderschulen. Vertiefende Fragen, z.B. wer die von der Sonderbeschulung betroffenen Kinder/Jugendlichen sind, woher sie kommen, warum in einzelnen Sonderschultypen vorrangig Jungen unterrichtet werden, während das Verhältnis in anderen Schulen eher ausgewogen ist u.ä., bleiben weitgehend unberücksichtigt.

Dahinter steckt bei vielen Praktikern und Wissenschaftlern die Einschätzung, die Behinderungs-„art", also der medizinisch festgestellte Schaden (z. B. eine Hüftluxation, Muskeldystrophie usw.) seien ausschlaggebend für die Sonderbeschulung und damit für die Zukunftsperspektiven der Betroffenen. Das würde heißen, ein Mädchen mit einer bestimmten körperlichen Auffälligkeit, z. B. einer Hüftluxation, hätte die gleichen Zukunftsperspektiven, die gleichen beruflichen Chancen u. ä., wie ein Junge mit einer Hüftluxation.

Wissenschaftler und Praktiker registrieren eine *Abweichung* von der *Normalität* und streben die (Wieder-)Anpassung der Betroffenen an diese Normalität an (Integration). Dabei fragen sie nicht nach der gesellschaftlichen Funktion dieser Normalität und nach den Differenzierungen innerhalb dieser Normalität.

Ist diese unhinterfragte Normalität überhaupt erstrebenswert, und welche Normalität wird für Jungen und Mädchen angestrebt? Wo gibt es Differenzierungen, Unterschiede, Gegensätze?

Normalität ist im Rahmen der vorliegenden Arbeit in ihrer geschlechtsspezifischen gesellschaftlichen Funktion zu analysieren, und Behinderung ist vor diesem Hintergrund zu untersuchen.

Die theoretische Grundlage für diese Untersuchung über Zusammenhänge von Normalität und Behinderung bilden die Ansätze der feministischen Frauenforschung, deren Analysen von grundsätzlichen Problemstellungen der geschlechtsspezifischen gesellschaftlichen Arbeitsteilung und den darauf basierenden Machtverhältnissen ausgehen.

Aufgrund des sehr mangelhaften Forschungsstandes kann es in der vorliegenden Arbeit nicht darum gehen, eine umfassende Analyse der gesellschaftlichen Situation behinderter Mädchen vorzulegen, sondern

- vorhandene Daten zusammenzutragen und auszuwerten,
- Interpretationen der Daten genauer auf ihre theoretischen Grundlagen und Maßstäbe hin zu untersuchen,
- Problemstellungen zu entwickeln und Problembereiche zu benennen, die gründlich analysiert werden müßten, um zu einer umfassenden Einschätzung der Situation behinderter Mädchen – im Vergleich zu nichtbehinderten Mädchen und zu behinderten Jungen – zu gelangen.

Fragestellungen und für die soziale Situation behinderter Mädchen relevante Problembereiche sind vor allem Gesprächen mit Betroffenen zu entnehmen und weniger statistischen Materialien und deren wissenschaftlicher Interpretation.

Aussagen von Betroffenen und von Personen, die mit behinderten Mädchen zu tun haben, z. B. Eltern und Lehrer, sollen in der vorliegenden Arbeit wissenschaftlichen Materialien direkt gegenübergestellt werden, sollen diese ergänzen, mit „Leben" füllen oder auch in Frage stellen.

Unter dem Aspekt der Sensibilisierung für die Problemlage behinderter Mädchen habe ich im März 1982 vier Interviews durchgeführt, deren Ergebnisse in den Kapiteln 2 bis 4 ausführlich dargestellt werden:

1. mit einem behinderten Mädchen (17 Jahre, 10. Klasse Schule für Körperbehinderte, spastisch gelähmt, Rollstuhlfahrerin),
2. mit der Mutter des Mädchens,
3. mit einer Sonderschullehrerin, der Lehrerin des befragten Mädchens,
4. mit einem Berufsberater des Arbeitsamtes.

Mit dieser sehr eingeschränkten explorativen Studie sind selbstverständlich keine Ansprüche an eine Allgemeingültigkeit der Aussagen verknüpft. Die Untersuchung soll lediglich zu einer Differenzierung der Problemsicht beitragen.

Die Intensivinterviews wurden anhand von Gesprächsleitfäden geführt. Sie dauerten jeweils zwischen einer und zwei Stunden. Alle vier befragten Personen waren mir vor unseren Gesprächen nicht bekannt. Die Interviews mit dem Mädchen, mit der Lehrerin und dem Berufsberater wurden auf Tonband aufgenommen und anschließend transskribiert. Über das Gespräch mit der Mutter des behinderten Mädchens liegt lediglich ein Gedächtnisprotokoll vor. Aus diesem Grund ist dieses Interview nur sehr eingeschränkt auswertbar.

Im folgenden geht es mir vor allem um die Darstellung der jeweiligen Problemsicht und Einschätzung der gesellschaftlichen *Ist-Situation* wie auch der *Zukunftsperspektiven* behinderter Mädchen von unterschiedlichen Zugängen, Betroffenheiten und Interessen her.

Der eigentlichen Analyse der Situation behinderter Mädchen stelle ich im 1. Kapitel eine Definition von Behinderung voran, die die unterschiedlichen Lebensbedingungen von Frauen und Männern in der patriarchalisch-kapitalistischen Gesellschaft zum Ausgangspunkt nimmt. Außerdem gebe ich einen groben Überblick über die Zahl behinderter Mädchen in der Bundesrepublik und in West-Berlin.

Im 2. Kapitel befasse ich mich mit einzelnen Problemen der primären Sozialisation behinderter Mädchen in der Familie.

Die Darstellung der Situation behinderter Mädchen in der Schule (3. Kapitel), der Übergang in den Beruf (4. Kapitel) und Probleme der Identitätsfindung und Zukunftsperspektiven behinderter Mädchen (5. Kapitel) stehen im Mittelpunkt der vorliegenden Arbeit.

I. Behinderung und Geschlechtszugehörigkeit

1. *Zu einer Definition von Behinderung unter besonderer Berücksichtigung geschlechtsspezifischer Aspekte*

Zum Ausgangspunkt meiner Überlegungen über die Zusammenhänge von Behinderung und Geschlechtszugehörigkeit will ich Definitionen nehmen, welche Behinderung nicht einfach mit einem vorliegenden, medizinisch festgestellten Schaden und einer daraus entstandenen Funktionseinschränkung gleichsetzen, sondern als *soziale* Kategorie identifizieren.

So nahm *Jantzen* die folgende Definition zum Ausgangspunkt seiner Forschungsarbeiten über die soziale Lage Behinderter:

„Behinderung kann nicht als naturwüchsig entstandenes Phänomen betrachtet werden. Sie wird sichtbar und damit als Behinderung erst existent, wenn Merkmale und Merkmalskomplexe eines Individuums aufgrund sozialer Interaktion und Kommunikation in Bezug gesetzt werden zu jeweiligen gesellschaftlichen Minimalvorstellungen über individuelle und soziale Fähigkeiten. Indem festgestellt wird, daß ein Individuum aufgrund seiner Merkmalsausprägung diesen Vorstellungen nicht entspricht, wird Behinderung offensichtlich, sie existiert als sozialer Gegenstand erst von diesem Augenblick an“ (Jantzen 1974, S. 21f., im Original Hervorhebung des gesamten Zitats).

Nach *Bleidick/Hagemeister* müssen bei der Definition von Behinderung soziale *Aspekte* (neben anderen, vor allem medizinischen) berücksichtigt werden. Damit bleiben diese Autoren in ihrem Behinderungsverständnis weitaus vager als *Jantzen*.

Sie bezeichnen zunächst die Personen als behindert, „... die infolge einer Schädigung ihrer körperlichen, geistigen oder seelischen Funktionen soweit beeinträchtigt sind, daß ihre unmittelbaren Lebensverrichtungen oder ihre Teilhabe am Leben der Gesellschaft erschwert werden“ (Bleidick/Hagemeister 1977, S. 9).

Sie relativieren diese Sichtweise folgendermaßen:

„... inwieweit Behinderung existent wird, hängt mit davon ab, wie das soziale Umfeld auf Defekte, Mängel, Schädigung und Behinderung reagiert und wie der davon Betroffene selbst mit seinem Behindertsein fertig wird ...

Letztlich bestimmen die Normvorstellungen der jeweiligen Gesellschaft, wer als behindert gilt und wer nicht ...

Der Behinderte weicht von den Erwartungsvorstellungen der Gesellschaft – die in unserem Kulturkreis von den Idealen des Leistungsfähigen, Gesunden, Tüchtigen und Schönen bestimmt werden – ab ...

Abweichendes Verhalten wird von der Gesellschaft definiert ...“ (a.a.O., S. 11f.).

Ähnlich formulierte der *Deutsche Bildungsrat:*

„Die Aussagen darüber, was als Behinderung bezeichnet wird, hängen neben den Merkmalen der Person weitgehend auch von den allgemeinen Wertsetzungen, Erwartungen und

Gewohnheiten in der Gesellschaft ab. Je nachdem, in welcher sozialen Umwelt ein Mensch lebt, ergibt sich, in welchem Umfang er von anderen und von sich selbst als mehr oder weniger behindert eingeschätzt wird. So gelten zum Beispiel Kinder aus sozialen Randgruppen, die nach dem Mittelschicht-Verhaltenskodex als Verhaltensgestörte auffällig werden, in ihrem häuslichen Milieu als verhaltensnormal . . ." (Deutscher Bildungsrat 1973, S. 34).

Wenn es nun um eine Definition von Behinderung unter geschlechtsspezifischen Aspekten geht, so muß an den in den genannten Definitionen nicht näher ausgeführten „gesellschaftlichen Minimalvorstellungen über individuelle und soziale Fähigkeiten ", an den „Normalvorstellungen der jeweiligen Gesellschaft", an den „allgemeinen Wertsetzungen, Erwartungen und Gewohnheiten in der Gesellschaft" vor dem Hintergrund *geschlechtsspezifischer* Lebensbedingungen angesetzt werden.[1]

Normen und Normalitätsvorstellungen ergeben sich „aus dem wirklichen gesellschaftlichen Lebensprozeß und einem darauf aufbauenden Selbstverständnis des Menschen" (Thom/Weise 1979, S. 55), und sie können „nur eingebettet in die gesellschaftliche Lebenspraxis verstanden werden" (Keupp 1979, S. 8).

Die gesellschaftlichen Lebensverhältnisse gestalten sich aufgrund der geschlechtsspezifischen Arbeitsteilung und zum Zweck der Durchsetzung gesellschaftlicher Machtverhältnisse in der patriarchalisch-kapitalistischen Gesellschaft für Frauen und Männer sehr unterschiedlich.

Macht und sozialer Status von Männern stehen im Zusammenhang mit der gesellschaftlichen Stellung des Mannes im Berufsleben und mit der damit verknüpften „öffentlichen Verantwortlichkeit" von Männern, während Frauen die sogenannte „private Verantwortung" zu tragen haben[2], d. h. im wesentlichen:

- grundsätzliche Zuweisung familialer Reproduktionsarbeit an Frauen (Hausarbeit im umfassenden Sinne, d. h. Leben zu produzieren, zur männlichen und weiblichen Arbeitskraft zu erziehen und die Arbeitskraft der Familienmitglieder zu erhalten);
- ökonomische und soziale Abhängigkeit der (Haus-)Frau vom (Ehe-)Mann im Zusammenhang mit der Nichtbezahlung der Reproduktionsarbeit; denn familiale Reproduktionsarbeit wird nicht als soche entlohnt;
- Erwerbsarbeit von Frauen als sekundärer, den Anforderungen der Reproduktionsarbeit untergeordneter Arbeitsbereich.[3]

Zur Aufrechterhaltung der Machtverhältnisse und damit der gesellschaftlichen Normalität dienen unterschiedliche Maßnahmen sozialer Kontrolle, die sich zwischen der Ausübung von Gewalt und ganz differenzierten ideologischen Begründungen für die bestehenden Machtverhältnisse zwischen den Geschlechtern bewegen.

Eingeübt und internalisiert werden besonders die Ideologie vom männlichen und vom weiblichen „Wesen" in allen Bereichen der Sozialisation von Mädchen und Jungen. An dieser Stelle sei darauf hingewiesen, daß

„. . . die geschlechtsspezifischen Sozialisationsbedingungen (.) nicht einfach zu ungleichen Lebensverhältnissen (führen), sondern diese Verhältnisse erfordern mit Notwendigkeit eine spezifische Sozialisation" (Werner 1980, S. 221).

Vor dem Hintergrund der Darstellung der geschlechtsspezifischen Arbeitsteilung und der Machtverhältnisse zwischen den Geschlechtern zeigt sich, daß die gesellschaftliche Normalität nicht geschlechtsunspezifisch ist, sondern daß es einen an der Geschlechtszugehörigkeit orientierten *Doppelstandard von Normalität* gibt.[4]

Die gesellschaftliche Funktion von Normen und Normalität wird besonders dann deutlich, wenn diese verletzt bzw. überschritten werden. Sowohl Verletzungen/Überschreitungen als auch Sanktionen sind in vielerlei Form vorstellbar und gesellschaftlich üblich (z. B. Abschieben einer nicht „funktionierenden" Hausfrau in die Psychiatrie auf Veranlassung des Ehemannes). Ich will mich im folgenden nur auf solche Abweichungen konzentrieren, die nach unserem Sprachgebrauch zu einer *Behinderung* führen.

Mit dem Begriff „behindert" werden Personen belegt, die die gesellschaftlichen Normen bezüglich sozialer Leistungsfähigkeit nicht erfüllen. Der so gebrauchte Begriff wird

„. . . vorrangig festgemacht an einer an gesamtgesellschaftlichen Ansprüchen gemessenen mangelnden Arbeitsfähigkeit von Individuen, daraus resultierend auch an Merkmalen wie mangelnder Lernfähigkeit, die mangelnde Arbeitsfähigkeit voraussehen läßt, mangelnden Möglichkeiten der eigenen Versorgung usw.

Diese „Mängel" werden zumeist geknüpft sein an organische Defekte, die jedoch keine notwendige Bedingung für Behinderung darstellen. Ein Beispiel dafür sind die sogenannten Lernbehinderten, denen zum großen Teil keine Defekte nachgewiesen werden können, deren Behinderung sich vielmehr daran festmacht, daß sie den gesellschaftlich gesetzten Leistungsanforderungen der Grund- und Hauptschule (. . .) nicht nachkommen" (Schildmann 1977, S. 15).

Die faktische oder auch die vorauszusehende Beeinträchtigung der Arbeitskraft wird gemessen an der zu leistenden Arbeit, d. h. an geschlechtsspezifischen Leistungsanforderungen.

Werden die geschlechtsspezifischen normativen Anforderungen nicht erfüllt, so

„. . . setzen gesellschaftliche Sanktionierungen ein, die zum einen dazu dienen, die Rückkehr in die geforderte geschlechtsspezifische Normalität nach dem je möglichen Ausmaß zu erzwingen – zum anderen dienen sie dazu, falls die Rückkehr in die Normalität nicht zu erzwingen ist, Abweichungen zu kontrollieren und zu bestrafen . . .

Obwohl gerade die Medizin als Legitimationsinstanz entscheidend für Bestrafung, Kontrolle und Behandlung bleibt, treten weitere, fast unzählige, gesellschaftliche Instanzen hinzu, die das nicht nur kurzfristig ‚abweichende' Individuum in ihre Kontrolle nehmen, beobachten und Verhaltensmaßregeln vorschreiben, die trotz des Abweichens (d. h. ‚Auffälligkeit') die Unauffälligkeit des Individuums zum Ziel haben.

Sanktionen, Kontrollen und Maßnahmen haben das Ziel, . . . für die Einrichtung eines gesellschaftlich akzeptablen Zustandes zu sorgen . . . Falls dies nicht möglich erscheint, wird angestrebt, einen Zustand außerhalb der ‚Normalität' zu etablieren (Zwangsinstitutionen)" (Schildmann 1983, S. 39 f).

Da auf diese Weise ein selbstbestimmter Umgang nicht nur mit gesundheitlichen Schäden und Funktionseinschränkungen, sondern vor allem auch mit

Fähigkeiten und Interessen und d. h. auch die Einrichtung eines dem individuellen Zustand angemessenen Lebens z. T. mit Gewalt verhindert wird, sind Kontrollen, Sanktionen, Zwangsmaßnahmen als die eigentliche *Behinderung* zu bezeichnen![5]

Die Behinderung in Form von Sanktionen, Kontrollen, Sonder-Maßnahmen wird für die Betroffenen zur Lebensqualität, das Behindert-werden wird zum Behindert-sein!

> „Dies ist die zweite Ebene der Behinderung. Behinderte leben mit den gesellschaftlichen Sanktionen, müssen sich auf diese einrichten, verinnerlichen sie. Diese Verinnerlichung der Behinderung ist als effektivste Form der Herrschaftssicherung über die Abweichenden anzusehen" (Schildmann 1983, S. 40).

Der Behinderung von Frauen und Männern kommt entsprechend der geschlechtsspezifischen Arbeitsteilung und der gesamtgesellschaftlichen Machtverhältnisse im Leben der Betroffenen ein unterschiedliches Gewicht zu.

So werden Frauen in beiden für sie geltenden Arbeits- und Lebensbereichen – der familialen Reproduktionsarbeit und der Erwerbsarbeit – zur „Arbeitskraft minderer Güte"[6] abgestempelt, während behinderte Männer sich in vielen Fällen ihre Machtposition in der Familie erhalten können, auch wenn sie auf dem Arbeitsmarkt als „Arbeitskraft minderer Güte" gelten.

Wenn Behinderung von den Betroffenen als „Isolation"[7] von gesellschaftlich relevanten Prozessen erfahren wird, so gilt auch dies für Frauen/Mädchen anders als für Männer/Jungen. Die Lebenszusammenhänge von Frauen sind in der patriarchalisch-kapitalistischen Gesellschaft bereits von ihrer Struktur her durch Isolation gekennzeichnet: Isolation von wesentlichen Bereichen des öffentlichen Lebens und Isolation von anderen Frauen in der zu leistenden Reproduktionsarbeit. Für behinderte Frauen verschärft sich diese strukturell angelegte Isolation und nimmt z. T. (für manche Frauen bzw. in manchen Lebensbereichen) den Charakter des Totalen an.

Wenn es im folgenden um behinderte Mädchen geht, ist das oben entwickelte Verständnis von Behinderung zu differenzieren:

– Als behindert werden solche Mädchen bezeichnet, die die geschlechtsspezifischen Normalitätsvorstellungen *voraussichtlich* in ihrem späteren Leben, also als Erwachsene, nicht erfüllen werden.
– Als behindert gelten aber bereits auch solche Mädchen, die bezüglich ihrer Entwicklung im Kindes-/Jugendalter vom Durchschnitt aller gleichaltrigen Mädchen in gesellschaftlich unerwünschter Form abweichen, deren Verhalten, Fähigkeiten und Leistungen und äußere Erscheinung den gesellschaftlichen Anforderungen und Normvorstellungen *für Mädchen/Frauen* nicht entsprechen!

Behinderung kommt besonders da zum Tragen oder wird überhaupt erst da definiert, wo Mädchen und Jungen festgefügte Vorstellungen von (geschlechtsspezifischer/m) Leistung und sozialen Verhalten zu erfüllen haben: in der Schule (z. T. bereits in Vorschule oder Kindertagesstätte), und hier bereits auch unter dem Aspekt der nachschulischen beruflichen und „privaten" Zukunft.

Entsprechend sind Behinderungsdefinitionen bezüglich Mädchen und Jungen vorrangig an der Nichterfüllung der Anforderungen bestimmter gesellschaftlichen *Institutionen* orientiert.

So kommt es dazu, daß die gängigen Definitionen von Behinderung das herausheben, was Mädchen und Jungen gemessen an den gesellschaftlich formulierten Ansprüchen *nicht* können. Auch hierin drückt sich die Bedeutung der Behinderung als Einschränkung, Kontrolle, Disziplinierung deutlich aus.

2. *Statistische Daten zur quantitativen Erfassung behinderter Mädchen*

Das *Statistische Bundesamt* führte im Jahre 1974 eine Mikrozensus-Zusatzuntersuchung durch, in der „körperlich, geistig und seelisch behinderte Kinder" erfaßt werden sollten.[8]

Eine klare Definition von Behinderung lag dieser Untersuchung, wie das *Statistische Bundesamt* selbst bemerkt[9], nicht zugrunde:

„In dieser Befragung mußten Haushalte mit Kindern der Geburtsjahrgänge 1958 bis 1974 angeben, ob eines der Kinder eine Körperbehinderung hatte oder geistig bzw. seelisch behindert war. Darüber hinaus wurde auch nach dem Besuch einer Sonderschule oder Sonderkindergartens sowie danach gefragt, ob sich eines der Kinder in einer Anstalt befindet ...

Bei der Erhebung der körperlichen, geistigen und seelischen Behinderung war zu berücksichtigen, daß sich hinter dem Begriff „behindert" ein breites Spektrum von körperlichen, geistigen und seelischen Schädigungen verbirgt, die zudem subjektiv unterschiedlich empfunden werden können" (Statistisches Bundesamt 1975, S. 611).

Das *Statistische Bundesamt* (1975, S. 611) kam zu folgendem Ergebnis:

Behinderte Kinder unter 16 Jahren:

Geschlecht	Insgesamt		Anteil an gleichaltr.
	1.000	%	Wohnbevölkerung in %
Männlich	217	60,7	2,9
Weiblich	141	39,3	2,0
insgesamt	358	100,0	2,5

Zu der unterschiedlichen ermittelten Betroffenheit von Mädchen und Jungen wird erklärt:

„Knaben waren bei fast allen Behinderungsarten häufiger behindert als Mädchen. Besonders bei der Lernbehinderung und der Lese- und Rechtschreibschwäche zeigten sich hohe geschlechtsspezifische Unterschiede. Von 10.000 Knaben litten 20 an Lese- und

Rechtschreibschwäche und 82 an Lernbehinderung. Von 10.000 Mädchen waren es knapp 9 (Lese- und Rechtschreibschwäche) bzw. 51 (Lernbehinderung)" (Statistische Bundesamt 1975, S. 612).

Erklärungen, die die gesellschaftlichen Ursachen dieser nach Geschlechtszugehörigkeit unterschiedlichen Betroffenheit aufdecken würden, werden nicht gegeben und offensichtlich auch nicht gesucht.

Die Untersuchung des *Statistischen Bundesamtes* wurde nach ihrem Erscheinen von mehreren Autoren kritisiert, und zwar vor allem wegen der nicht zu übersehenden Untererfassung bei der Gesamtzahl der behinderten Kinder und Jugendlichen bis 16 Jahre.

So kritisiert *W. Kerkhoff:*

„Die Zahl der Schüler, die eine Sonderschule besuchen (6 -15 J.) beträgt schon 384.518" (Kerkhoff 1976, S. 757).

„Die Mikrozensus-Zusatzbefragung 1974 hat die Zahl der lernbehinderten Kinder und Jugendlichen mit 0,67 % Anteil an den Gleichaltrigen völlig unzureichend erfaßt. Sie erreicht mit 98.000 Lernbehinderten (0 - 16 J.) gerade die Anzahl derjenigen, die Nordrhein-Westfalen in Schulen für Lernbehinderte unterrichtet" (Kerkhoff 1976, S. 759).

Ob in der Mikrozensus-Zusatzuntersuchung Mädchen und Jungen etwa in gleichem Ausmaß untererfaßt wurden, läßt sich aus den Ergebnissen und vorliegenden kritischen Betrachtungen nicht entnehmen.

Prozentualer Anteil der Mädchen im Alter von 6 bis 15 Jahren an der gleichaltrigen Wohnbevölkerung und den beschulten Behinderten

Jahr	vergleichbare Bevölkerung	Schülerinnen in Sonderschulen und Sonderschulklassen										
		SB	BL	GL	SH	SP	KB	KL	LB	GB	EH	alle
1977	48,8	41,4[1]	46,3[1]	44,5[2]	43,6[2]	25,4[2]	41,0	41,4[3]	40,6[4]	41,6[4]	24,8	39,8
1976*	48,8	41,8[5]	44,8[5]	44,3[6]	43,5[6]	24,9[7]	41,6	41,3[3]	40,5[4]	41,7[4]	26,9	40,6

* Die Angaben zu den einzelnen Behinderungsformen wie auch zu „alle" ohne Saarland
1 ohne Bremen, Saarland, Hamburg, die Sehb. und Blinde zusammengefaßt haben: 33%, 42%, 44%
2 mit Ausnahme von Bremen, bei dem SP mit GL und SH zusammen ausgewiesen werden: 33%
3 keine Angaben von Bremen, Hamburg, Schleswig-Holstein und Bayern
4 ohne Bayern, da es für LB und GB bei den Angaben zwischen beiden Behindertenformen nicht trennte: weibl. Anteil LB + GB = 39,7%
5 ohne Bremen, Hamburg, da beide SB und BL zusammengefaßt haben: 34,7% bzw. 41,7%
6 ohne Bremen, das GL, SH und SP in eins lieferte: 33,2%, ohne Schleswig, das GH und SH zusammen lieferte: 43,3%
7 ohne Bremen, das GL, SH und SP in eins angab: 33,2%

Abkürzungen:

SB = Sehbehinderte
BL = Blinde
GL = Gehörlose
SH = Schwerhörige
SP = Sprachbehinderte
KB = Körperbehinderte
KL = langfristig Kranke
LB = Lernbehinderte
GB = Geistigbehinderte
EG = Schule für Erziehungshilfe (Erziehungsschwierige)

Quelle: Kerkhoff 1980, S. 24

Das quantitative Verhältnis zwischen behinderten Mädchen und behinderten Jungen wird etwas durchsichtiger bei Betrachtung der Sonderschulstatistik; denn Behinderung wird häufig im Zusammenhang mit der Sonderbeschulung definiert.

Kerkhoff faßt zusammen:

„Der weibliche Anteil der in Sonderschulen bzw. in Sonderschulklassen Lernenden liegt im Schuljahr 1977/78 in der Bundesrepublik bei ca. 40%...

1977/78 hatte die vergleichbare Gesamtpopulation von 6 bis 15 Jahren einen Anteil von 49% Mädchen" (Kerkhoff 1980, S. 22).[10]

Kerkhoff führt weiter aus:

„Als auch abhängig von sozialen Prozessen ist die Tatsache zu sehen, daß mehr Jungen als Mädchen sonderbeschult werden, wenn auch für bestimmte Behinderungsgruppen organische Schäden eine nicht zu übersehende Ausgangslage schaffen. So sind von körperlichen Beeinträchtigungen männliche Neugeborene in größerer Zahl betroffen als weibliche. 1973 kamen auf 100.000 lebendgeborene Kinder ca. 318 Jungen und ca. 250 Mädchen mit Fehlbildungen...

Bei den einzelnen Behinderungsformen ist die Verteilung von Jungen und Mädchen recht unterschiedlich...

Die Schule für Erziehungshilfe hat die meisten Jungen, fast dreimal soviel wie Mädchen, bei der Blindenschule ist das Verhältnis fast ausgeglichen, wenn man das Jahr 1977 betrachtet.

Mit der Schule für Erziehungshilfe hat auch die Schule für Sprachbehinderte einen relativ sehr geringen Teil an Schülerinnen. Das mittlere Feld nehmen die Schulen für Sehbehinderte, Körperbehinderte, Langzeitkranke, Lernbehinderte und Geistigbehinderte ein. Relativ die meisten Mädchen werden in Schulen für Blinde, Gehörlose und Schwerhörige unterrichtet" (Kerkhoff 1980, S. 22ff.).

Ich will die von *Kerkhoff* ermittelten Daten an dieser Stelle nur unter dem Aspekt des quantitativen Verhältnisses zwischen behinderten Jungen und Mädchen benutzen.

Vor dem Hindergrund der genannten Daten des *Statistischen Bundesamtes* und der Daten von *Kerkhoff* komme ich für die vorliegende Arbeit zu dem Schluß, daß behinderte Mädchen insgesamt einen Anteil von zwischen 40 und 50 % an allen behinderten Kindern und Jugendlichen haben.

Einen ungefähren Anteil behinderter Mädchen an der Gesamtzahl der gleichaltrigen Mädchen anzugeben, ist mir aufgrund der enormen Untererfassung behinderter Mädchen und Jungen in der Untersuchung des *Statistischen Bundesamtes* (Anteil behinderter Mädchen an der gleichaltrigen Wohnbevölkerung 2 %, s. o.) nicht möglich.

II. Zur Sozialisation behinderter Mädchen in der Familie

1. *Problemstellungen für Familien/Mütter mit einer behinderten Tochter*

Kerkhoff geht davon aus, daß etwa 6 % der bundesrepublikanischen Familien ein behindertes Kind haben.

„Aufgrund von Literaturstudien und eigenen Untersuchungen schätzen wir die Zahl der Familien mit einem oder mehreren behinderten Kindern unter 15 Jahren auf eine halbe Million. Demnach wären ungefähr 6 % der Familien in der Bundesrepublik betroffen" (Kerkhoff 1976, S. 759).

Ein behindertes Kind zu haben bedeutet im allgemeinen, daß die gesellschaftliche Normalität der Familie unterbrochen, beendet oder auch nur in Frage gestellt wird, wobei der Grad der Verletzung der Normalität bzw. der gesellschaftlichen Sanktionen gegen die betroffene Familie von unterschiedlichen Faktoren abhängt, z. B. von Art und Ursache des vorliegenden Schadens beim Kind auf der einen Seite und von der sozioökonomischen Situation und damit der Durchsetzungsfähigkeit der Familie auf der anderen Seite.

Zur Situation von Familien mit behinderten Kindern schreiben *Balzer/Rolli:*

„Die enorme Belastung, die die *Geburt eines behinderten Kindes* mit sich bringt, trifft somit auf eine ohnehin instabile und gefährdete Struktur der Privatbeziehungen. ... Streng genommen stellen die *pathogenen* Familienkonstellationen zwar keine „Sonderfälle" dar, sondern in ihnen sind nur vermittels besonderer Bedingungen jene Widersprüche eklatant verschärft, die *strukturell* im Dilemma der bürgerlichen Kleinfamilie allgemein angelegt sind" (Balzer/Rolli 1975, S. 23 f.).

Wenn *Balzer/Rolli* sich in ihren Ausführungen besonders auf Familien mit von Geburt an geschädigten Kindern beziehen, dann hängt das m. E. wesentlich damit zusammen, daß hier die Normalitätsvorstellungen dieser Familien besonders kraß und plötzlich in Frage gestellt werden.

Untersuchungsergebnisse über psychosomatische Reaktionen der Mütter im Zusammenhang mit der Geburt eines körperlich geschädigten Kindes (Schockerlebnisse u. ä.) sind ein Beleg für die erlebte Kränkung.[11] Vergleichbare Untersuchungen über die Reaktionen von Vätern sind mir nicht bekannt.

An dieser Stelle, wie auch bei der anfallenden erzieherischen und (ko-)therapeutischen Arbeit der Eltern, wird deutlich, daß „Eltern" keine Einheit bilden, sondern unterschiedlich von der Behinderung eines Kindes betroffen sind. Dies belegen Schuldgefühle von Müttern behinderter Kinder ihren (Ehe-)Männern gegenüber[12], dies belegt auch die unterschiedliche Arbeitsbelastung von Müttern und Vätern:

„Soweit mir bekannt ist, beschäftigt sich die Literatur nicht direkt mit der Arbeitsbelastung von Müttern behinderter Kinder und schon gar nicht mit der ökonomischen Bedeutung dieser Arbeit.

. . . Die Lebensbedingungen der Mutter eines behinderten Kindes (werden) meist nur dann zum Gegenstand wissenschaftlichen Interesses (.), wenn die kindliche Entwicklung Anlaß zur Sorge gibt. Aber selbst, wenn sich dann im Interesse des Kindes das Augenmerk auf die Familie richtet, in der es lebt, fällt auf, daß zumeist ganz allgemein von ‚Eltern' gesprochen wird, so, als hätten Mutter und Vater gleichen Anteil an der Arbeit zur Reproduktion der menschlichen Arbeitskraft.

Handelt es sich allerdings um konkrete Anweisungen und Maßnahmen zur Förderung der kindlichen Entwicklung, so werden diese der Mutter erteilt, wohl in der realistischen Einschätzung, daß vor allem sie die Hauptverantwortung für das kleine Kind trägt . . .

Die Beschäftigung mit der Hausarbeit von Müttern behinderter Kinder soll keineswegs leugnen, daß auch die Väter zum Teil durch konkrete Hilfeleistungen und psychische Unterstützung ihr Kind zu fördern und ihrer Frau zu helfen bemüht sind" (Tuchscherer 1979, S. 78 f.).

Wenn es die Mütter sind, die hauptverantwortlich für die Erziehung ihrer behinderten Kinder sind, dann lasten wahrscheinlich auch Entscheidungsprobleme besonders auf ihnen, z. B. bezüglich der Arten und des Umfangs anzustrebender und zu verantwortender Therapiemaßnahmen[13], möglicher, vielleicht von Fachleuten angeratener, Heimeinweisungen[14] u. ä.

Grundsätzlich trifft das bisher Gesagte m. E. für Familien mit behinderten Kindern beiden Geschlechts zu. Anzunehmen sind jedoch geschlechtsspezifische Ausformungen der familiären Problematik sowohl von den Erziehenden als auch von den betroffenen Kindern her.

Die folgenden Ausführungen von *Balzer/Rolli* müßten entsprechend in beiden Richtungen nach geschlechtsspezifischen Unterschieden befragt werden:

„Die elterlichen Zukunftshoffnungen – einerseits auf Verlängerung der eigenen, aber in der Konkurrenz schon untergegangenen Aufstiegswünsche ins Leben der Kinder, andererseits auf den ‚Dank der Kinder' im Alter – halten die Einstellungen zum Kind ohnehin hoch affektiv besetzt. Eine wichtige Rolle spielt dabei verständlicherweise die *Leistungsfähigkeit* des Kindes als Garantie auf die Erfüllung solcher Zukunftserwartungen" (Balzer/Rolli 1975, S. 26).

Aufstiegswünsche, der „Dank der Kinder" im Alter und die erwünschte Leistungsfähigkeit der Kinder sind an deren Geschlechtszugehörigkeit und damit an die gesellschaftlichen Normalitätsvorstellungen darüber, was Frauen und was Männer zu leisten haben, gebunden.

In der Erziehung behinderter Töchter treten für die Mütter andere Probleme auf als behinderten Söhnen gegenüber. Töchter werden im allgemeinen von Müttern als „Forsetzung des eigenen Selbst"[15] erlebt:

„Betrachten wir das Problem deshalb einmal aus der Sicht der Mütter. Für sie bedeutet Muttersein nämlich eine doppelte Identifikation: zum einen identifiziert sie sich dabei mit ihrer eigenen Mutter und zum anderen mit ihrem Kind, das sie ja auch einmal war. Die Tatsache, daß es sich bei ihrem Kind um ein Mädchen handelt, verstärkt die identifikatorische Nähe zwischen beiden, ‚ist doch die Tochter viel weitgehender als der Sohn Teil des mütterlichen Selbst, da sie das gleiche Geschlecht hat und der Mutter zur emotionalen Stabilisierung dient' " (Osterland 1979, S. 30, Zitat aus Gugel 1975, S. 101).

Osterland führt erklärend aus:

„So ist es zunächst auch kein Wunder, daß Mütter widersprüchlich und verunsichert auf die Autonomiebestrebungen ihrer Töchter reagieren, vor allem dann, wenn sie selbst das Kind zur Kompensation frustrierter Bedürfnisse brauchen – was natürlich keine Mutter jemals zugeben würde. Und dennoch ist dies oft genug der Fall. Denn solange die Ideologie der Mutterschaft den Müttern jene Haltung und Opferbereitschaft vorschreibt, die keine Interessen außer denen von Mann und Kind kennt, solange werden sich Mütter auf ihre Weise rächen und versuchen, sich von den Kindern das zurückzuholen, was ihnen die patriarchalische Gesellschaft versagt. Natürlich werden sie nicht das bekommen, was sie suchen . . ." (Osterland 1979, S. 29).

Wenn sich nun bereits bei der Geburt oder im (frühen) Kindesalter herausstellt, daß die Tochter den für Mädchen/Frauen in der patrarchalischen Gesellschaft definierten Normalitätsvorstellungen nicht entspricht bzw. nicht entsprechen wird, so ist für die Mutter die Identifikationsmöglichkeit, die Möglichkeit der „Fortsetzung ihres eigenen Selbst" sehr in Frage gestellt.

Dennoch ist davon auszugehen, daß die geschlechtsspezifischen Normalitätvorstellungen den Maßstab auch in der Erziehung behinderter Mädchen bilden, an dem Frühförderungs-, Therapie- und allgemeine Integrations„erfolge" gemessen werden.

Ohne hier Therapien, Frühförderung u. ä. grundsätzlich in Frage stellen zu wollen, sollten diese doch hinterfragt werden, und zwar unter dem Aspekt der „Anpassung an die geschlechtsspezifische – z. T. mit Sicherheit nicht zu erreichende – Normalität mit allen Mitteln", und d. h. für Frauen gleichzeitig an eine Normalität, die grundsätzlich gegen die Selbstbestimmung aller Frauen gerichtet ist!

Über die Sozialisation behinderter Mädchen wie auch behinderter Jungen in der Familie – seien es Körper- oder Sinnesgeschädigte oder auch Geistigbehinderte – liegen nach meinen Kenntnissen keine, und vor allem keine geschlechtsspezifisch ausgerichteten, differenzierten Untersuchungen vor (abgesehen von Untersuchungen der Reaktionen von Müttern auf ein behindertes Kind, von einigen wenige Untersuchungen der sozialen Situation von Familien mit behinderten Kinder u. ä.).

Guski faßt ihre Untersuchung über die Situation von Familien mit körperbehinderten Kindern so zusammen:

„Wodurch nun die betroffenen Familien am stärksten belastet werden, welche Faktoren die Entwicklung des Kindes am meisten beeinträchtigen und in welcher Weise sich die Beeinträchtigungen auswirken werden, sind offene Fragen, die ohne geeignete Untersuchungen unter Berücksichtigung aller Faktoren nicht beantwortet werden können" (Guski 1977, S. 82).

Die Probleme von Familien/Müttern mit behinderten Töchtern werden m. E. zu schnell übergangen, indem man/frau sich auf die Einrichtung und später auf die Untersuchung öffentlicher *Maßnahmen* für behinderte Kinder konzentriert.[16] Grundsätzlich ist davon auszugehen, daß Mütter behinderter Töchter

– trotz aller „unterstützenden“ und „fördernden“ Maßnahmen – besonders stark darin verunsichertet sind, wie die Zukunft ihrer Töchter aussehen wird.

Bezüglich der Zukunftsperspektiven behinderter Mädchen, und zwar nicht nur der Perspektiven, die die Reproduktionsarbeit von Frauen betreffen, sondern auch hinsichtlich der beruflichen, die also die Möglichkeit der eigenständigen ökonomischen Versorgung von Frauen betreffen, ist bei behinderten Mädchen auf – zum Teil erhebliche – Unterschiede je nach Art und Schwere der gesundheitlichen Schädigung und der damit verbundenen Abweichung von den geschlechtsspezifischen Normen hinzuweisen.

Die Perspektiven körperlich und geistig behinderter Kinder sind tendenziell unterschiedliche.

Die Perspektiven sogenannter lernbehinderter oder verhaltensgestörter Mädchen, deren „Behinderung“ eine an die Institution Schule gebundene ist, müssen sich nicht unbedingt von denen nichtbehinderter Frauen mit entsprechendem sozialen Hintergrund unterscheiden.

Die gesellschaftlichen (Vor-)Urteile gegenüber behinderten Frauen, die im allgemeinen auch den Müttern bekannt sein dürften, ohne daß sie unbedingt behinderte Frauen und deren konkrete Lage selbst kennen, nähren die Unsicherheit der Mütter.

Zur Verdeutlichung dieser Urteile, aber auch der Realität, hier ein Zitat eines „Fach“-Mannes:

> „Um die Problematik in einem einzigen Ausdruck zusammenzufassen, könnte man etwas oberflächlich, aber für viele Fälle doch typisch, sagen, daß ein nichtbehinderter Mann mit einer schwerbehinderten Ehefrau auf die Dauer überfordert ist. Das gilt besonders, wenn er auch noch eine gewisse Pflege übernehmen muß, die seiner Natur ohnehin nicht entspricht.
>
> Dagegen kann eine gesunde Frau mit einem behinderten Mann durchaus eine glückliche und dauerhafte Ehe eingehen. Selbst dann, wenn sie noch Pflege übernehmen muß. Auch dies läßt sich mit der unverhältnismäßig hohen Zahl von verheirateten behinderten Männern (im Gegensatz zu der geringen Zahl von verheirateten behinderten Frauen) belegen“ (Sagi 1966, S. 43).

Der genannte Autor, wie auch viele seiner Fach-Kollegen[17], findet diese gesellschaftliche Haltung offensichtlich verständlich und vertritt sie selbst. Solche Einschätzungen können m. E. nur dazu dienen, patriarchalische Strukturen und Ideologien zu legitimieren und damit an der Unterdrückung von Frauen, und hier besonders von behinderten Frauen, festzuhalten.

2. Eindrücke aus dem Gespräch mit der Mutter eines behinderten Mädchens

Das Gespräch mit der Mutter des von mir befragten behinderten Mädchens fand im Rahmen der vier von mir durchgeführten Interviews statt. Dieses Gespräch ist jedoch nicht, wie ich bereits in der Einleitung angemerkt habe, auf

Tonband aufgenommen worden und steht somit nicht im Wortlaut zur Verfügung.

Ich kann hier keine Interview-Ergebnisse zur Sozialisation des Mädchens aus der Sicht der Mutter vortragen, möchte aber meine Eindrücke über die Situation der Mutter wiedergeben.

Ich traf mich, einen Tag nach dem Gespräch mit dem behinderten Mädchen, mit der Mutter in deren Wohnung. Der Kontakt zwischen uns war über die Lehrerin des Mädchens zustande gekommen. Ich hatte der Mutter am Telefon erklärt, was ich gern von ihr wissen wollte und aus welchen Gründen, und sie hatte mich zu sich eingeladen.

Frau A. empfing mich mit den Worten, ich könne sie gern über ihre Situation befragen, aber sie habe doch nichts Wichtiges mitzuteilen. (Ich habe den Eindruck, daß ihre Situation von niemandem in ihrer Umgebung als wichtig erachtet wird.)

Frau A. sieht ihre Situation besonders dadurch gekennzeichnet, daß sie es körperlich bald mit ihrer Tochter nicht mehr schafft – sie aus dem Bett zu heben usw. Sie weiß jedoch keinen Ausweg. Sie wird diese körperlichen Arbeiten so lange weitermachen, bis sie es wirklich nicht mehr kann (bis sie zusammenbricht).

Frau A. ist mit dem Vater ihrer behinderten Tochter verheiratet. Sie betont mehrfach: „Er ist ein guter Vater, er ist wirklich ein guter Vater!" An anderer Stelle heißt es dann jedoch: „Der ist doch nie zuhause!" Der Mann ist berufstätig – die Familie hat einen Gemüsestand auf dem Wochenmarkt – und in seiner Freizeit beschäftigt er sich (besonders auch an den Wochenenden) mit seinen Reitpferden.

Frau A. hat die Berufstätigkeit auf dem Wochenmarkt weitgehend aufgegeben.

Ihre Tochter sagt dazu:

> „Mein Vater ist Obsthändler. Und meine Mutter hat ihm früher geholfen, aber arbeitet jetzt nicht mehr, weil sie mit mir zu viel – und weil sie auch kochen muß."

Frau A. hat regelmäßigen Kontakt zu ihrem Vater – sie besucht ihn zusammen mit der Tochter wöchentlich. Weitere Kontakte bestehen zu ihrer älteren Tochter, außerdem zu den Nachbarinnen im Haus.

Frau A. sagt dazu: „Man hilft sich gegenseitig."

Über ihre Probleme kann sie jedoch mit niemandem sprechen. Sie fühlt sich mit allen ihren Unsicherheiten ganz allein. Besonders über Probleme im Zusammenhang mit der Behinderung ihrer Tochter kann sie nicht sprechen. Weinend erzählt sie mir, sie sei während der Schwangerschaft die Treppe hinuntergefallen, dadurch sei das Mädchen viel zu früh geboren und spastisch gelähmt. Frau A. fühlt sich schuldig an der Behinderung der Tochter, und sie fühlt sich von Gott bestraft.

Sie versucht, nicht nachzudenken, sondern alles zu verdrängen. Dies betrifft vor allem die Zukunftsperspektiven der Tochter. Sie sagt, andere Eltern redeten an den Elternabenden in der Schule über Heime für Behinderte. Sie findet das schlimm, wie die reden. Sie will alles für ihre Tochter tun, solange sie lebt! Sie will nicht daran denken, was mal wird. Sie betet täglich mehrmals zu Gott, daß er ihr hilft!

In unserem ca. eineinhalbstündigen Gespräch schwieg Frau A. meistens, sie weinte immer wieder, lief aus dem Zimmer, rief nach ihrer Nachbarin, die in der Küche saß, holte etwas zu essen und zu trinken usw. Ich hatte dennoch nicht den Eindruck, daß sie nicht sprechen wollte, vielmehr, daß sie nicht konnte.

Ich fand es deprimierend, daß eine Frau mit einer 17jährigen behinderten Tochter in dieser langen Zeit keine Möglichkeiten gefunden hat, ihre Verletzungen zu verarbeiten. Sie ist völlig allein geblieben damit, obwohl ihre Tochter im Laufe der Jahre therapeutisch behandelt wurde, in eine Schule geht, die den Anspruch der speziellen Förderung körperbehinderter Kinder hat, und obwohl es in Berlin viele offizielle „Hilfs"-Angebote für Behinderte und deren Angehörige gibt.

Vor dem genannten Hintergrund scheinen mir die Bemühungen um die „Integration" behinderter Kinder/Jugendlicher wenig an die wirkliche Lebenssituation der Betroffenen gekoppelt zu sein. Sie sind weitgehend formal und un-persönlich und scheinen mehr für das äußere Erscheinungsbild der „Anpassung" an die Lebenswelt Nichtbehinderter zu stehen.

Eine Erweiterung der „Hilfs"-Angebote nach dem Vorbild bestehender Angebote würde m. E. Frauen wie Frau A. wenig nützen.

III. Zur schulischen Situation behinderter Mädchen

1. *In der Fachliteratur bearbeitete Problembereiche zur Unterrichtsgestaltung*

Zunächst einmal ist hier, entsprechend dem vorigen Kapitel, festzustellen, daß auch die Situation behinderter Mädchen in der Schule bisher kaum zum Gegenstand wissenschaftlicher Untersuchungen gemacht wurde.

Die wenigen vorliegenden Untersuchungen beziehen sich ausgesprochen oder unausgesprochen auf die *Sonder*-Schule, und zwar im wesentlichen auf die Sonderschule für Lernbehinderte.[18] Das mag einerseits daran liegen, daß diese den größten Anteil an der Gesamtzahl der Sonderschüler stellt; andererseits setzt die Gruppe der Lernbehinderten sich aber gerade aus den Mädchen/Jungen zusammen, die im allgemeinen ausschließlich aufgrund der Nichterfüllung schulischer Leistungsnormen – vor dem Hintergrund einer nicht schulnormgerechten familiären Sozialisation – als „behindert" bezeichnet und behandelt/beschult werden.

Diese Gruppe von Mädchen ist nicht oder nur tendenziell vergleichbar mit körperbehinderten oder mit geistig behinderten (auf die ich hier nicht explizit eingehe) Mädchen.

Die Problembereiche, die in den mir vorliegenden Untersuchungen zur Sprache kommen, beziehen sich vor allem auf Unterrichtsmaterialien an Schulen für Lernbehinderte und auf die unterschiedliche berufliche Orientierung von Mädchen und Jungen.

Mir ist nur eine veröffentlichte Untersuchung bekannt die sich explizit mit der „sonderpädagogischen Variante des Sexismus" (Prengel 1982, S. 202) beschäftigt.

Prengel konstatiert:

> „Mädchen und Jungen werden ungebrochener als in anderen Schulformen auf traditionelle Geschlechtsrollen festgelegt . . .
> Unterrichtsmaterialien und -hilfen für Sonderschulen sind wesentlich stärker von sexistischen Ideologien geprägt als das in anderen Schulen üblich ist. Materialien, die auch nur Bilder der Gleichberechtigung zwischen Mann und Frau vermitteln, existieren so gut wie nicht . . .
> Geschlechtsrollenstereotypen werden nicht vermieden, sondern zu oft verwendet. Sie finden sich vor allem in Form von Klischees und Vorurteilen gegenüber Frauen und Mädchen . . .
> Die Lesebücher für die Oberstufe der Schule für Lernbehinderte in Hessen können da-

her ohne Ausnahme als sexistische Unterrichtsmedien bezeichnet werden" (Prengel 1982, S. 204f.).

Prengel macht eine für die vorliegende Arbeit wichtige Ergänzung:

„Ebenso wie die Lehrbücher sind Unterrichtshilfen und Trainingsmappen, die speziell auch für Praktisch Bildbare und Körperbehinderte auf dem Lehrmittelmarkt angeboten werden von traditionellen Klischees bestimmt" (Prengel 1982, S. 205).

Sie beschreibt die soziale Situation der lernbehinderten Sonderschülerinnen folgendermaßen:

„Nicht zufällig stammt der größte Teil derer, die institutionell-zweckgerichtetes Schülerverhalten nicht beherrschen, aus dem Subproletariat.

Bei extremer Armut unterliegen die Schülerinnen besonderen, die Schulleistungen beieinträchtigenden Lebensbedingungen. Wohnungsnot, Kinderreichtum, ärmste Ausstattung des Haushalts führen zu starker Ausweitung der anfallenden Hausarbeit. Oft fallen die Männer als Unterstützer der Familienexistenz aufgrund von Arbeitslosigkeit, Krankheit, Frührente, Alkoholismus oder Verlassen der Familie aus. Die Mütter halten durch ein riesiges Maß an Hausarbeit und indem sie außer Haus etwa als Putzfrau Geld verdienen, die Familie über Wasser. Sobald als möglich wachsen die Mädchen in die Aufgabe hinein, mitzuhelfen, die ständig bedrohte Existenz zu sichern. Aus den materiellen Nöten der Familie erwächst für die Mädchen im Schulalter eine dreifache Belastung: Hausarbeit, Schularbeit, Erwerbsarbeit ...

Teilweise ermöglicht die häusliche Arbeit der Mädchen erst die Erwerbstätigkeit der Mütter" (Prengel 1982, S. 211f.).

Auf die oben genannten Problemstellungen der Mädchen wird in den Rahmenrichtlinien kaum eingegangen. Die Situation der Mädchen wird somit auch nicht ernstgenommen.

So stellen *Wertenbroch/Wertenbroch* „Lernziele für das Fach ‚Hauswirtschaft' an Schulen für Lernbehinderte" auf, in denen es um folgende Bereiche geht:

- Nahrungsmittelzubereitung,
- Haushaltspflege (Spülen, Spülmaschine),
- Tischregeln,
- Ernährungslehre,
- Konsumverhalten.[19]

Diese Konzeption wurde von Bernhardine Joosten u.a. in Form „weitere(r) Gedanken zum Unterrichtsfach Hauswirtschaft/Haushaltslehre an Schulen für Lernbehinderte" kritisiert, allerdings ebenfalls ohne Bezug auf die *geschlechtsspezifische* Arbeitsteilung:

„Bei einer Konzeption hauswirtschaftlichen Unterrichts, die zweckrationale Haushaltsführung in den Vordergrund stellt, gelangt die Vielfältigkeit der Gestalt des Haushalts und seiner Funktion nicht zur Darstellung. Für die Schüler fehlt damit die Möglichkeit zu begreifen, daß hier ein Ort des Zusammenlebens einer Menschengruppe ist und sie selbst zu einer solchen Mikroeinheit gehören. Die in der Realität sich ergebenden Aufgaben und Konflikte und deren mehr oder weniger gelungenen Lösungen bleiben außer acht ...

Die unterschiedlichen Bedürfnisse der Haushaltsmitglieder ... werden nirgends beachtet (Joosten u.a. 1977, S. 131).

Die „unterschiedlichen Bedürfnisse der Haushaltsmitglieder“ wie auch „die in der Realität sich ergebenden Aufgaben und Konflikte“ sind den Schülerinnen und Schülern wohl keineswegs unbekannt, denn sie haben sich ja täglich damit auseinanderzusetzen. Problematisch ist dagegen m.E., daß an dieser Realität der Jugendlichen nicht angesetzt wird, sie also mit ihrer Realität allein gelassen werden.

Annedore *Prengel* nennt hier ein treffendes Beispiel:

„Ein großer Teil dieser Mädchen hegt einen sehnlichen Kinderwunsch. Sie gehen arbeiten, nur um sobald wie möglich Geld genug verdient zu haben, um zu Hause bleiben zu können und die eigene Familie zu versorgen.

Ein eigenes Kind zu haben, bedeutet für sie vor allem als erwachsen anerkannt zu werden.

Der Kinderwunsch ist nicht wie die meisten anderen Wünsche unerfüllbar. Er soll aus der Abhängigkeit hin zu Verantwortung und Selbstbestimmung für sich und das Kind führen. *Aber von solchen Träumen wird im Unterricht nicht geredet, sie gehören zum heimlichen Lehrplan*“ (Prengel 1982, S. 212f., Hervorherbungen – U. Sch.).

Zu geschlechtsspezifischen Aspekten der „*Berufsstruktur in den Lesebüchern der Schule für Lernbehinderte*“ stellt Eva B. Preuss auf der Grundlage einer Analyse von 25 Lesebüchern für Lernbehindertenschulen fest, daß die Berufsbilder des verwaltungstechnischen und des industriellen Arbeitsbereichs in den Lesebüchern völlig fehlen[20], und daß als weibliche Dominanzberufe – besonders auch im Vergleich zu den genannten männlichen – vor allem Berufe vorkommen, die in der Berufshierarchie weit unten stehen.[21]

Sie vergleicht ihre Ergebnisse der Lesebuchanalyse mit der realen beruflichen Situation ehemaliger Sonderschülerinnen und stellt eine enorme Diskrepanz fest:

„Charakteristisch ist bei den weiblichen Lernbehinderten, daß sich die Hälfte aller Lehrverträge auf zwei Berufsbilder (Verkäuferin, Friseuse) konzentriert“ (Preuss 1977, S. 446f.).

Weibliche Einarbeitungsberufe Berliner Lernbehinderter

„... divergieren erheblich von der Lesebuchberufsstruktur: In den Lesebüchern beherrschen die Magd (20%), Verkaufshilfe (18%), Zeitungsbotin (10%) und Raumpflegerin (10%) die Berufsstruktur; in der Wirklichkeit der lernbehinderten weiblichen Jugendlichen ist die Berufsstruktur durch die folgenden Einzeltätigkeiten gekennzeichnet: Verkaufshilfe (26%), Montiererin (11%), Packen (7%), Küchen- und Stationshilfe (9%)“ (Preuss 1977, S. 447).

Zwei weitere Untersuchungen belegen, genau wie die bisher genannten, die Fixierung behinderter Mädchen auf ein ganz eingeschränktes Spektrum „typischer Frauenerwerbstätigkeiten“.

So führen *Becker/Bönner* zur „Berufsorientierung und Berufswahl Verhaltensgestörter“ aus:

„Die Berufswünsche der Mädchen aus dem Heim stimmen insofern mit denen der Gesamtgruppe der weiblichen Jugendlichen überein, als sie sich ebenfalls an den Dienstleistungsberufen orientieren. Insgesamt tendieren die Wünsche der Mädchen nach Berufen des Pflegens und Helfens mit geringen Anforderungen, z. B. Tierpflegerin, Küchenhelferin.

Fachlich höher qualifizierte Berufsvorstellungen werden dagegen nicht geäußert" (Becker/Bönner 1981, S. 212).

Wünsche nicht äußern, heißt jedoch nicht, sie nicht zu haben: *Kirschey* berichtet über Betriebspraktika mit Lernbehinderten:

„An den 130 Betriebspraktika waren summa 74 Betriebe beteiligt, davon 24mehrfach . . .
Da fast ausnahmslos die Schüler in Praktikantenplätzen der von ihnen gewünschten Berufe vermittelt wurden, machen Auswahl und Häufigkeit der Wahlen die Berufswünsche der betreffenden Sonderschüler transparent" (Kirschey 1977, S. 329).

Kein Mädchen aus der Untersuchung von Kirschey machte ein Praktikum im Bereich des Handwerks (z.B. Maler/Lackierer, Kfz-Mechaniker, Elektroinstallateur, Gärtner), dagegen 53 Jungen. Im Wirtschaftsbereich Handel dagegen waren 25 Mädchen und nur 4 Jungen (Verkäufer/in), in der Industrie 5 Mädchen (Elektrotechnik 3, Textilindustrie 2) und 20 Jungen.[22]

In dieser wie in ähnlichen Untersuchungen werden geschlechtsspezifische Dominanzen festgestellt, auf Interpretationen/gesellschaftliche Erklärungen wird jedoch verzichtet.

Die Situation von Schülerinnen der Körperbehindertenschule und der Schulen für Sinnesgeschädigte stellt sich tendenziell anders dar als die beschriebene Situation lernbehinderter Mädchen.

Hierauf will ich im folgenden Abschnitt ausschließlich anhand meiner Interview-Ergebnisse eingehen, da mir keine Analysen aus der Fachliteratur bekannt sind.

2. *Auswertung der Interview-Ergebnisse zur schulischen Situation behinderter Mädchen*

Die Situation von Mädchen, die eine Schule für Körperbehinderte oder auch eine Schule für Sinnesgeschädigte besuchen, ist zunächst einmal dadurch gekennzeichnet, daß hier auf ihre „speziellen Bedürfnisse" eingegangen werden soll, sie eine „spezielle Förderung" erfahren sollen u. ä., daß aber die geltenden Unterrichtspläne die der Grund- und Hauptschule sind.

Hieraus ergibt sich die Frage, ob und wie im Unterricht auf die „spezielle Situation" behinderter Mädchen (und behinderter Jungen) eingegangen wird.

Hierzu habe ich (I) die Lehrerin (L) und die Schülerin (M) befragt. Auch der Berufsberater(B) kommt an einer Stelle bereits zu Wort.

I: – Ich habe ja gestern Ihre Klasse gesehen, mit drei Mädchen und drei Jungen . . . ich würde zuerst gern wissen, ob im Unterricht die konkrete Situation behinderter Mädchen und behinderter Jungen zur Sprache kommt, also dieser Mädchen und dieser Jungen in Ihrer Klasse. Wieweit ist der Unterricht überhaupt so konkret?

L: – Kommt nicht zur Sprache. Das ist also zum großen Teil auf das Fach Arbeitslehre bezogen. Es kommt eigentlich die Situation nicht zur Sprache. Wir vermitteln überwie-

gend die Kulturtechniken und was dazu gehört, in dem Rahmen wie Geschichte.
Die Situation – eigentlich nicht.
Und im Lehrmaterial, das wir zur Verfügung haben, da kommt das überhaupt nicht zur Sprache, und ich muß zu meiner Schande gestehen, ich hab auch – ich such so nichts Bestimmtes zu dem Zweck .. Obwohl ich mir manchmal in schlaflosen Nächten sage, du müßtest zumindest mal Literatur an Land ziehen, die eventuell Hilfen geben könnte. Zur Bewältigung.

I: – Haben Sie in der Körperbehindertenschule spezifische Unterrichtsmaterialien? ...

L: – Es gibt für Körperbehinderte meines Wissens – ich muß da immer diese Einschränkung machen – keine spezifische Literatur. Es gibt also allenfalls – ich meine jetzt Lehrbücher, es gibt allesfalls für Lernbehinderte Bücher, die wir nicht einmal benutzen dürfen, weil wir an den Rahmenplan für die Berliner Schulen gebunden sind. Wir dürfen also nur solche Bücher benutzen, die vorgeschrieben sind. Das sind also die, die an allen Hauptschulen zu kriegen sind. Einen besonderen Lehrplan haben wir nicht, noch nicht, vielleicht wird das irgendwann mal durchgesetzt beim Senator, daß wir uns spezifisch den Problemen der Jugendlichen widmen dürfen mit den entsprechenden Möglichkeiten. Dann kommt natürlich auch auf uns zu, mehr zu suchen ...
Ich hoffe, daß sich irgendwann mal die Körperbehindertenlehrer Berlins zusammenraffen und einen vernünftigen Vorschlag an die Senatorin machen. Daß das geändert wird. Dieser Plan ist zum großen Teil nicht richtig für unsere Schüler. Kulturtechniken ja, okay, das muß sein, aber sonst doch ganz andere Schwerpunkte.

Die Lehrerin kritisiert besonders die Orientierung an der Regelschule im Fach „Arbeitslehre" (sechs Wochenstunden):

L: – Ja, in den Hauptschulen ist es sicher auch gar nicht so unvernünftig. Nur bei uns – also unter den Bedingungen halte ich das einfach für viel vergeudete Zeit ...

I: – Also, diese 6 Stunden Arbeitslehre sind keine spezielle Vorbereitung auf den Arbeitsmarkt?

L: – Wenn man das realistisch betrachtet, nicht. Denn es wird ja da sehr viel gearbeitet in den Bereichen Holz, Metall oder Textiles Gestalten oder Hauswirtschaft. Dazu braucht man doch nicht Arbeitslehre, dieses Fach. Denn unsere behinderten Schüler im Rollstuhl werden mit hoher Wahrscheinlichkeit nicht in der Tischlerei und auch nicht in der Stahlverarbeitung, oder wie man das auch nennt, arbeiten. Mit hoher Wahrscheinlichkeit nicht...
Das ist das Fach für die Hauptschule. Für Haupt- und Sonderschule. Und wir unterrichten nach dem Plan für Hauptschulen.

Der inhaltlichen Zwangsorientierung an der Regelschule entspricht die Orientierung an der Zensurengebung und dem formalen Schulabschluß.
Hierzu die Schülerin, die Lehrerin und der Berufsberater – aus unterschiedlichen Blickrichtungen:

I: – Und welchen Schulabschluß machst du? ...

M: – Hauptschulabschluß. Ich will aber weiter zur Schule gehen, weil ich Realschulabschluß haben möchte. . Hier kann ich schon nen Zusatz kriegen, aber, ich will ja nicht so sein, aber wenn du den hast, damit kannst du nicht viel anfangen.

I: – Ach so, hier könntest du auch einen Realschulabschluß machen?

M: – Ja, könnte ich schon noch schaffen, aber, naja, der bedeutet nicht sehr viel. Weil wenn du bei uns ne zwei hast, hast du auf deutsch gesagt ne drei ...

L: – ... sie hofft immer noch, und sie arbeitet auch noch weiterhin, daß sie ein gutes

Zeugnis bekommt – nur daß diese Zeugnisse im Grunde genommen nichts wert sind.

I: – Das hat sie auch gesagt.

L: – Ich glaube ihr aber nicht, daß sie das so glaubt. Selbst wenn sie es sagt. Das glaube ich ihr nicht, das kann ich ihr auch nicht glauben. Dann müßte sie unter Umständen sagen, ich mach nicht mehr, denn für ihre Leistung will sie eine Belohnung – gut, die kriegt sie. Aber das ist draußen absolut nichts wert.

B: – Ja, um die Benotung geht es, ganz nüchtern und einfach. Also ich habe Verständnis für Lehrer, die da diesen schwer Körperbehinderten, die auf jeden Fall sehr der Hilfe bedürfen, jetzt nicht noch schlechte Schulnoten verpassen wollen, und meinen, selbst wenn der an und für sich ne fünf verdient, oder sie, das Mädchen, geben wir ihr nicht, sie kriegt ne drei oder besser. Solche Fälle hat es durchaus gegeben. Damit tut man diesen Behinderten absolut keinen Gefallen. Denn die Betriebe sind durchaus bereit, eine körperlich Behinderte, denk ich mal schwere Hüftluxation, eventuell beiderseitig, zu nehmen . . .
Und da geht es eigentlich von den Zensuren aus.

Die Orientierung an der „Normalität" der Regelschule wird hier ausgedrückt im Streit um Benotungen. Sie ist bei den drei Befragten nicht zu übersehen. Die Konsequenzen, die die drei Personen daraus ziehen, sind jedoch unterschiedliche.

Für das behinderte Mädchen ist die *Regelschule* das anzustrebende, aber wahrscheinlich nicht zu erreichende Ziel. Die Regelschule ist nicht greifbar und wird damit zu einem nicht erreichbaren *Wunschtraum:*

I: – Würdest du lieber auf eine Regelschule gehen?

M: – Ja.

I: – Hast du das schon mal versucht?

M: – Wir hatten ein Mädchen in der Klasse, die war auch behindert, an Krücken, und *die hat's jetzt geschafft.* Aber, ich hab mich auch mal so erkundigt, und da haben sie mir gesagt, es ist schwer, jemand zu finden, denn jeder nimmt mich nicht. Und die ist z.B. in einer Schule, wo sie die einzige Behinderte ist. Das ist schon schwer. Aber sonst bin ich ganz zufrieden, trotzdem wir nicht so hart rangehen, aber man lernt doch ne ganze Masse . . . Zum Beispiel der X. war jetzt ne Woche auf ner Regelschule, weil er da nachher hingeht . . . da sagte er, die sind genau gleich wie wir, bloß in Englisch weiter.

Die Lehrerin betont, daß die Schüler/innen ihre Leistungen nicht realistisch einschätzen lernen und stellt dies in den Zusammenhang der Ghetto-Situation der Sonderschule:

L: – Und die Schwierigkeit dieser Jugendlichen – und die können wir nicht aus dem Weg räumen, solange wir in dieser Ghettosituation sind – die Schwierigkeit ist die, daß sie sich alle nicht so ganz richtig einschätzen. Da hört man manchmal, diese und jene, die jetzt längst nicht mehr da sind, die haben den und den Weg eingeschlagen. Ja, ich möchte das eigentlich auch, das finde ich ja ganz prima, daß einer noch die Möglichkeit hat, weiter zur Schule zu gehen, oder daß einer sogar ne Zusatzbescheinigung bekommen hat. Ich glaube, so was könnte ich auch erreichen, sagen sie, ohne die Siutation zu kennen, von der sie sprechen, nämlich die Fähigkeiten und die Umwelt derjenigen, die da längst weg vom Fenster sind und auch ohne zu wissen, wie sie selbst dastehen. Aber da sind eben die Träume und dann ist es also unendlich schwer ihnen darzulegen, daß da also wirklich Leute gewesen sind, die befähigter waren, obwohl sie körperlich behinderter waren. Das kann man ihnen nicht beibringen, weil sie das nicht erlebt haben und auch nicht erleben . . .

Nicht, das ist ja kein Wunder, daß sich die Leute alle falsch einschätzen, das ist ja ein Ghetto. Man müßte wirklich diese ganzen Schulen öffnen entweder für andere oder die Schüler rausholen und sie in andere Schulen stecken. Eins von beidem. Damit wäre allen Beteiligten sehr geholfen. Die einen würden nicht ständig heranwachsen und mit Fingern auf Rollstuhl und Spastiker zeigen, und die anderen würden wesentlich mehr Anregungen, mehr soziale Kontakte bekommen. Und auch Leute mit der sogenannten Sonderausbildung wären in solchen Schulen tätig.
. . . In Sonderfällen könnte ja einzeln behandelt werden oder in Mini-Gruppen . . .

Der Berufsberater, offensichtlich ein strikter Vertreter der „Normalität", macht das Problem vor allem am Verhalten der Lehrer fest:

I: – Hätten Sie Vorschläge, wie das anders sein könnte?

B: – Indem die Lehrer sich an der Realität orientieren! An normalen Haupt- und Realschulen.

I: – Das würde heißen . . . daß die Lehrer auch in der Hauptschule unterrichten müßten?

B: – Wäre sehr schön, ist Sache des Schulsenators natürlich, wir sind ja ne ganz andere Behörde . . . das wäre auf jeden Fall richtig. Und ich weiß, daß von unseren Dienstvorgesetzten auf höheren Ebenen dieses Prolbem durchaus angesprochen wird.

I: – In dieser Richtung?

B: – In dieser Richtung! Also das Wichtige ist, daß diese Lehrer einen normalen Maßstab, an der Realität orientiert, erwerben!
. . . Und deshalb gibt es durchaus Fälle, wo ich die Eltern warne vor den Behindertenschulen, und ihnen dringend anempfehle, wenn irgend möglich, ihr Kind auf eine normale Regelschule zu bringen.

I: – Was die meisten Eltern sicherlich gern tun würden, wenn das ginge, nicht?

B: – Ja. Manchmal geht das aber auch. Es gibt welche, die das noch nicht erkannt haben!

Die rigide Orientierung an der nicht oder kaum erreichbaren „*Normalität*" der Regelschule verstellt einerseits den Blick für eine kritische Einschätzung dieser „Normalität". Andererseits läßt sie es nicht zu, die betroffenen Jugendlichen als einzelne Individuen/Persönlichkeiten überhaupt wahrzunehmen, ihre persönlichen Möglichkeiten ernstzunehmen und zum Ausgangspunkt von Entwicklungen zu machen. Wie bereits oben dargestellt, kommt die Situation behinderter Mädchen im Unterricht nicht zur Sprache. Ich wollte jedoch von der Lehrerin auch wissen, ob sie *unterschiedliche Verhaltensweisen von Mädchen und Jungen im Unterricht feststellt:*

L: – . . . Diese Mädchen sind eben auch nicht so anspruchsvoll, nicht? Ja, sie nehmen leichter etwas an. Wenn man sagt, tu das, dann sagen sie, ach ja, das wird wohl vernünftig sein, das mach ich. Und die Jungen, also verwöhnt sind die Jungen mit Sicherheit. Da gibt es ne Menge Beispiele . . .
Ja, vielleicht nochmal um einzugehen, was ist spezifisch, auf was legt man Wert, da hab ich also erbärmliche Versuche gemacht, z. B. schreiben lassen von irgendwelchen Briefen, weil entweder Briefe schreiben oder telefonieren ja die Dinge sind, die diesen Leuten eventuell am leichtesten möglich sind.
. . . Die Mädchen sind grundsätzlich bereiter, so etwas anzunehmen und es zu üben und dann auch eine brauchbare Form zu erstellen. Bei den Jungen beißt man da ja auf Granit. Und selbst wenn sie sprachbehindert sind und Sprachfehler und undeut-

liche Artikulation haben, die Notwendigkeit gerade des Briefeschreibens kann man ihnen schlecht deutlich machen.

I: – Also bei den Mädchen ist mehr Bereitschaft da?

L: – Mehr Echo, ja.

I: – Verhalten die Mädchen und die Jungen sich unterschiedlich, wenn es um ihre eigenen Probleme geht? ... Z. B. wie realistisch sie bestimmte Sachen sehen?

L: – Ja. Ich hab manchmal den Eindruck, daß die Jungen noch stärker an dieser Depression leiden. Und das ist wahrscheinlich auch ein Grund für diese Verweigerung. Für die Verweigerung der Mitarbeit. Die machen im Unterricht – verbal machen sie mit. Aber sobald sie dann etwas leisten sollen, um Training, Übung und Fertigkeiten zu bekommen – entweder vergessen sie es oder machen es auch bewußt nicht, aus Faulheit, Trägheit, diese üblichen Mechanismen. Jedenfalls es ist nicht da, wenn es gefordert wird. Das hat wahrscheinlich sehr seinen Grund in dieser Einsicht, was soll denn der Quatsch – bei einigen. Daß sie sagen, es ist völlig egal, ob ich mich anstrenge oder nicht. Es bringt nichts.

Im Schulfach „Arbeitslehre“, das sowohl die berufliche Orientierung als auch Hauswirtschaft umfaßt, kommen geschlechtsspezifische Verhaltensweisen folgendermaßen zum Ausdruck:

L: Hauswirtschaft – ja, die Mädchen sehen eben das Vorbild der Mutter, und die Herren der Schöpfung, die sehen auch ne Mutter, und entsprechend verhalten sie sich. Wir haben neulich eine Aktion gestartet: Stärkt eure Mütter! Indem wir den Müttern sagen, verwöhnen Sie doch Ihre Söhne nicht so sehr! Und Ihre Männer können auch mal was tun! Diesen Schülern wird das nicht mehr nützen! Nur sage ich, die werden es vielleicht doch irgendwann lernen, wenn keiner mehr da ist und sie versorgt. Nur sind dann eben die Eltern schuld, daß sie dann so unfähig sind ... das ist so schwer, den Leuten beizubringen.

Das geschlechtsspezifische Verhalten der Schüler/innen kommt in den Details unseres Gesprächs zum Ausdruck, obwohl „ganz allgemein“ die Lehrerin zur geschlechtsspezifischen Ausrichtung dieses Faches sagt:

L: – Das läuft ja hier doch anders, weil der Unterricht nicht nach Geschlechtern getrennt wird. Nicht, das ist ja dann für alle.

Zu den Betriebspraktika, die die Jugendlichen absolvieren (zwei Jungen und ein Mädchen in der öffentlichen Verwaltung, ein Junge in einer Tischlerei, ein Mädchen in einer Sonderkindertagesstätte, ein Mädchen ist nicht am Praktikum beteiligt), sagt die Lehrerin zusammenfassend:

L: – Ja, wir haben uns vorgenommen, keine Hoffnungen daran zu knüpfen. Auch im eigenen Interesse, weil hinterher die Enttäuschung groß wird. Einfach mal kennenlernen das „in der Arbeitswelt sein“.

Sie sieht den Perspektiven ihrer Schülerinnen und Schüler resigniert entgegen. Diese Haltung entspricht einerseits der Realität, andererseits ist sie nicht geeignet, das Selbstbewußtsein und die Widerstandskraft der Jugendlichen zu stärken.

Bei der Untersuchung des geschlechtsspezifischen Verhaltens stellt sich die Frage: *An wem orientieren sich die Mädchen?*

Hierzu sagt die Lehrerin:

L: – Die Bilder bringen die Kinder von zuhause mit. Das Bild der Frau und das Bild des Mannes. Das wird ständıg deutlich, bei allen möglichen und unmöglichen Siuationen. Das muß doch so und so sein . . .
Es ist – ein Frauenbild, das also zeitgemäß wäre, das ist nicht so ganz da. Dieses Frauenbild würde ja gleichzeitig das Bild des Mannes mit einschließen. Daß also der Mann praktisch für alles mitverantwortlich ist im häuslichen Bereich. Das ist bei einigen Mädchen zwar schon in der Ratio mal da. Ich versuch ja immer, denen ein paar Brocken hinzuwerfen, daß also beispielsweise Staubsaugen keine Frauenarbeit ist oder ähnliche Dinge. Oder daß ein Mann das und das mit Selbstverständlichkeit auch tun kann. Aber das ist aufgesetzt. Die Bilder sind da, und die kann man auch ganz schlecht verändern . . .
Und genau da liegt das Handicap. Daß sie sich da an der Mutter und an der umgebenden Realität messen. Und bei den meisten Mädchen ist es so, daß die Mutter berufstätig ist. Insofern wird das auch noch mit einbezogen. Und da fängt also schon die Resignation an. Daß sie ihre Unfähigkeiten sehen, einen Beruf zu ergreifen, nicht? Damit fängt es an. Die anderen Dinge, die scheinen ja dann nur noch schwieriger. Wenn man schon keinen Beruf ergreifen kann. Wie soll man dann noch die anderen Träume verwirklichen?

Zur *Situation behinderter Mädchen in der Schule* sagt die Lehrerin abschließend:

L: – Ich hab nicht den Eindruck, daß die Jungen bessere Chancen haben.

I: – Also soweit es die Schule betrifft? . . .

L: – Also in der Schule kann es eigentlich nicht sein. Das will mir nicht in den Kopf, denn es sind ohnehin wesentlich mehr Frauen in unserem Bereich als Männer. Und daß also Frauen dieses alte Bild „Pascha" fortführen wollen, indem sie mehr für die Förderung von Jungen als von Mädchen tun, das wäre unwahrscheinlich.

Sie erklärt also das geschlechtsspezifische Verhalten der Mädchen und Jungen ausschließlich aus dem, was die Kinder/Jugendlichen in ihren Familien erfahren und lernen. Ihre eigene Einflußmöglichkeit und Einflußnahme möchte sie lieber als „geschlechtsneutral" gewertet wissen.

Der Lehrerin sind also in unserem Gespräch geschlechtsspezifische Verhaltensweisen von Mädchen und Jungen präsent. Auf diese direkt einzugehen und diese zum Thema des Unterrichts zu machen wird jedoch verhindert, und dies m. E. aus zwei Gründen: einerseits durch den enormen Normalitätsdruck und die Zwangsorientierung der Sonderschule an der Regelschule (Grund- und Hauptschule); andererseits verhindert der Blick durch die Brille des Defekts eine Sensibilisierung für geschlechtsspezifische Verhaltensunterschiede und Ansprechbereitschaften.

IV Der Übergang in den Beruf

1. Ergebnisse empirischer Untersuchungen

Zunächst einmal ist auch hier festzustellen, daß der Übergang behinderter Jugendlicher von der Schule in den Beruf bisher kaum unter geschlechtsspezifischen Aspekten untersucht wurde.

Die letzte, von der *Bundesanstalt für Arbeit* im Okt. 1981 herausgegebene Berufsberatungsstatistik (Ergebnisse von 1979/80) gibt nur wenige Hinweise zur geschlechtsspezifischen Problematik der Situation behinderter Mädchen und Jungen nach Abschluß der Schulzeit.

Die Berufswünsche sind sowohl bei den Lernbehinderten als auch bei den Körperbehinderten eindeutig unterschiedlich nach Geschlechtszugehörigkeit der Jugendlichen.

Bei behinderten Mädchen stehen – wie bei nichtbehinderten Mädchen – Dienstleistungsberufe im Vordergrund (bei körperbehinderten Mädchen Büroberufe, bei lernbehinderten Mädchen Verkäuferin und Friseurin – die Bundesanstalt für Arbeit schreibt „Verkäufer", „Friseur", aber „Hauswirtschaftliche Betreuerin").

Bei den Jungen stehen Fertigungsberufe im Vordergrund (bei lernbehinderten vor allem Maler/Lackierer, Maurer, bei körperbehinderten Elektrogerätebauer).

Die Berufs-„einmündung" entspricht den genannten Bereichen bei den lernbehinderten Mädchen und Jungen wie auch bei den körperbehinderten Mädchen (körperbehinderte Jungen – an erster Stelle Schlosser/Mechaniker).[23]

Während im Berichtsjahr 1979/80 insgesamt 101.000 behinderte Jugendliche die Berufsberatung aufsuchten[24], konnte nur ein geringer Teil von ihnen in Berufsausbildungsstellen vermittelt werden:

„In eine Berufsausbildungsstelle konnten 6.600 männliche und 2.200 weibliche lernbehinderte Ratsuchende vermittelt werden . . .

2.000 körperbehinderte Jungen und 1.200 Mädchen konnten durch Vermittlung der Berufsberatung mit der Ausbildung beginnen" (Bundesanstalt für Arbeit 1981, S. 61).

Interpretationen dieses Verhältnisses zwischen Jungen und Mädchen fehlen.

Saskia *Hülsmann* stellt fest:

„Insgesamt werden 23.000 behinderte Jugendliche in Betrieben und Einrichtungen ausgebildet. Davon sind 70 % männlichen und 30 % weiblichen Geschlechts. Der Anteil behinderter weiblicher Auszubildender an behinderten Auszubildenden liegt unterhalb des entsprechenden Anteils bei nichtbehinderten Auszubildenden (38 %) . . .

Die in Betrieben ausgebildeten behinderten Jugendlichen sind zu 68 % männlichen und 32 % weiblichen Geschlechts. In Einrichtungen beträgt der Anteil der männlichen behinderten Auszubildenden 72 % und der Anteil der weiblichen behinderten Auszubildenden 28 %" (Hülsmann 1983, S. 60).

Die untersuchten weiblichen Auszubildenden weisen folgende Schäden/Behinderungen auf:

23% eine Körperbehinderung mit starker Bewegungseinschränkung (m 19%), 14% eine sonstige Körperbehinderung (m 9%), 6% eine schwere Sehbehinderung oder Blindheit (m 6 %), 18 % Hör- oder/und Sprachbehinderung (m 12 %), 39 % eine Lernbehinderung (m 53 %).[25]

Die Unterrepräsentanz behinderter Mädchen in Berufsausbildungen kann nicht aus ihren Leistungsvoraussetzungen erklärt werden:

„Den Hauptschulabschluß haben 35 % der männlichen und 46 % der weiblichen Auszubildenden und einen mittleren bzw. höheren Abschluß 10 % der männlichen und 23 % der weiblichen behinderten Auszubildenden. Die schulischen Bildungsvoraussetzungen der weiblichen behinderten Auszubildenden sind demnach deutlich besser als die der männlichen behinderten Auszubildenden" (Hülsmann 1983, S. 62).

Die Ausbildungschancen von Mädchen sind demnach nicht abhängig von den schulischen Leistungen der Mädchen.

Hülsmann weist auf das vergleichsweise geringe *Ausbildungsspektrum* für Mädchen hin und fordert eine Ausweitung dieses Spektrums außerhalb der hauswirtschaftlichen Berufe![26]

Eine Veränderung der Fixierung von Mädchen auf „typisch hausfrauliche Tätigkeiten . . (Hauswirtschafterin, Näherin, Schneiderin, Wäscherin, Plätterin)" (Degen, Hülsmann, Kloas, Melms, Podeszfa 1982, S. 18) ist unbedingt erforderlich, denn:

„Allein im Bereich der Hauswirtschaft werden 28 Prozent der Mädchen ausgebildet, die Mehrzahl davon in einem entsprechenden Sonderausbildungsgang" (Degen u.a. 1982, S. 18).

Diese Umorientierung der Mädchen würde m. E. jedoch auf seiten der gesellschaftlich relevanten Institutionen (Familien, Schulen, Ausbildungseinrichtungen) bedeuten, daß sie bereit sein müßten, die geschlechtsspezifische Erziehung von Mädchen *und* Jungen aufzubrechen.

Die meisten Praktiker und Theoretiker, die sich zu den beruflichen Problemen behinderter Jugendlicher äußern, scheinen dies jedoch nicht zu beabsichtigen. Sie verschwenden nicht einmal einen schriftlichen Gedanken an die unterschiedlichen Chancen von Mädchen und Jungen.

Autoren, die auf die besondere Betroffenheit von Mädchen stoßen, konstatieren diese, ohne sie vor dem Hintergrund der gesellschaftlichen Verhältnisse zwischen den Geschlechtern zu erklären und Veränderungsmöglichkeiten dieser geschlechtsspezifischen Arbeitsteilung zu reflektieren.

Ich will hier einige *Beispiele* für meine o. g. Einschätzung anführen.[27]

In ihrer Untersuchung „Zum Bedarf an Berufsbildungswerken für behinderte Jugendliche" stellen Brinkmann/Gierse fest:

„Die Beurteilung von Schule und Berufsberatung weicht besonders stark bei weiblichen Sonderschulabgängern voneinander ab. Von ihnen benötigen nach dem Urteil der Berufsberatung nur 10 % eine Ausbildung in einem Berufsbildungswerk, nach dem Urteil der Schule jedoch 20 %. Die Frage, worin sich der von der Berufsberatung gesehene geschlechtsspezifische Unterschied im Bedarf an Berufsbildungswerken gründet, läßt sich anhand des vorliegenden Materials nicht schlüssig beantworten. Es ergibt sich allerdings der Hinweis, daß dieser Unterschied vor allem aus einer unterschiedlichen Beurteilung der Lernbehinderten resultiert, daß also für weibliche Lernbehinderte ein besonders niedriger Bedarf an Plätzen in Berufsbildungswerken gesehen wird.

Es läßt sich vermuten, daß hier nicht nur die *durch die Behinderung begründete Notwendigkeit* einer solchen Ausbildung beurteilt wurde, sondern daß darüber hinaus auch gewisse generelle Zielvorstellungen im Hinblick auf die Ausbildung von Mädchen oder auch deren Bereitschaft zu einer Berufsausbildung eine Rolle gespielt haben" (Brinkmann/Gierse 1974, S. 76).

Die „gewissen generellen Zielvorstellungen ..." bleiben unangetastet stehen!

Tews/Wöhrl stellen fest, daß der Anteil der in den inzwischen 21 eingerichteten Berufsbildungswerken ausgebildeten Mädchen/Frauen ca. 20 % beträgt.[28] Auch sie geben keine Erklärung dafür, warum der Anteil nicht dem der behinderten Mädchen in den Sonderschulen (40 %) entspricht!

Artmann weist auf die unübersehbare Diskriminierung von Mädchen anhand einer Untersuchung zur Erwerbsarbeitslosigkeit hin (Bundesanstalt für Arbeit, Sept. 1977):

„Die Sonderuntersuchung weist nach, daß die im Vergleich zum Vorjahr gewachsene Zahl der Arbeitslosen unter 20 Jahren nahezu ausschließlich auf den Anstieg der Zahl weiblicher Arbeitsloser zurückzuführen ist: ‚... Ein Hinweis auf die besonders problematische Situation auch der weiblichen jugendlichen Behinderten!' ...

Es ist noch viel zu tun, insbesondere für die weiblichen Ratsuchenden" (Artmann 1979, S. 4).

Offen bleibt hier, was zu tun ist, will man/n nicht einfach behaupten, Mädchen hätten keine Bereitschaft!

Ein anderer Autor stellt zu den Berufsverhältnissen ehemaliger Schüler/innen der Lernbehindertenschule fest:

„Interessant sind bei diesen Zahlen vor allem die großen Unterschiede in der gezielten Ausbildung der männlichen und weiblichen Jugendlichen ... (55,4 - 28,8 %)" (Dietrich 1978, S. 489).

Eine Erklärung für dieses „interessante" Ergebnis bleibt aus.

Es kann also durchgehend festgestellt werden, daß die unterschiedliche Situation und Behandlung behinderter Mädchen und Jungen zwar bekannt ist, daß aber an ihr bisher nicht wirklich etwas verändert wird.

Mit der Forderung nach einer *Verbesserung der Berufs- und Rehabilitationsberatung für weibliche Jugendliche und deren Eltern* – wie sie *Hülsmann* (1983, S. 77) im Anschluß an die Darstellung ihrer Untersuchungsergebnisse formuliert hat – verweise ich auf den nächsten Abschnitt meiner Arbeit.

2. *Aspekte der Berufsberatung – Interviewergebnisse*

Im Vordergrund dieses Abschnitts soll die Auswertung des Interviews mit dem Berufsberater stehen. Seine Aussagen werden durch die des behinderten Mädchens und der Lehrerin ergänzt.

Ich habe zunächst versucht, mir einen Überblick zu verschaffen über den Personenkreis, mit dem der Berufsberater zu tun hat und über die einzelnen Aufgaben des Berufsberaters:

I: – Mit vievielen Mädchen und Jungen haben Sie in einem Schuljahr etwa zu tun? Ich möchte mir darüber erst einmal ein Bild machen.

B: – Das ist schwer zu sagen. Von den Behindertenschulen kommen alle zu mir. Also statistisch hab ich das im Einzelfall noch nicht feststellen können. . . .
Ich habe in jeder Woche mindestens 15 Beratungen. Meistens mehr. Das sind natürlich teilweise wiederholende Beratungen, denn es werden ja ärztliche Gutachten und psychologische eingeholt. Aber mehr als 100 sind es auf jeden Fall. Eine genaue Statistik darüber ist mir nicht bekannt.

I: – Ich möchte jetzt im Vergleich zwischen Jungen und Mädchen fragen. Haben Sie die Einschätzung und die Erfahrung, daß sich Jungen und Mädchen gleich oft, also quantitativ gesehen gleich, melden, oder sind das mehr Jungen oder mehr Mädchen?

B: – Nein, das ist völlig gleich. Ja, das ergibt sich auch aus der Schulstruktur. Wenn alle kommen, kommen auch alle Mädchen, nicht?

I: – Die kommen alle?

B: – Von diesen Behindertenschulen ja. Ausnahmen bestätigen die Regel, aber man kann davon ausgehen, es kommen alle.

I: – Wenn Sie an die Berufsberatung direkt denken, also an ein Beratungsgespräch, wie läuft das normalerweise ab?

B: – Wir haben an und für sich vier Aufgaben hier aus dem AFG . . . Das ist einmal die berufliche Orientierung, 2. die Einzelberatung, 3. die Vermittlung und 4. dann auch die geldliche Förderung. Grundsätzlich, die berufliche Orientierung ist ja nicht Monopol der Bundesanstalt. Dies wird durchgeführt, indem wir in die neunten Klassen ein bis zwei Mal, manchmal auch dreimal gehen. Dazu machen wir einen Elternabend. Wir sprechen dann mit den Jugendlichen und den Eltern die Bewerbungstermine durch und die Möglichkeiten, die in groben Zügen beruflich offenstehen. Und auch, welche Voraussetzungen die Jugendlichen mitbringen müssen, um bestimmte Berufe zu erlernen. Die können sowohl körperlicher wie auch geistiger Art sein, wobei man davon ausgehen muß, und das gilt in gewissem Sinne auch für Behinderte, je besser sie schreiben, rechnen und lesen können, um so einen besseren Beruf bekommen sie dann. Das wird also in dieser Orientierung gesagt. Und dann kommt die berufliche Einzelberatung, dann kommen also die Mädchen und auch die Jungen zum größten Teil, gerade im Behindertenbereich, mit ihren Eltern zu mir zu einem Gespräch, was so ungefähr 'ne 3/4 bis eine Stunde dauert, das erste, und wo wir uns gegenseitig kennenlernen, wo wir dann auf die individuellen Gegebenheiten des Beratungsfalles eingehen, d. h. auf die körperlichen Behinderungen und auf das Schulwissen, auf die Familiensituation, auf den Freizeitbereich. Woraus wir, wenn wir diese Daten erhoben haben, unsere Schlüsse ziehen, was wir vorschlagen können. Wir können ja immer nur beraten. Lenken ja auf keinen Fall, sondern wir sagen, also nach dem, was ich hier eben gehört habe, so und so, vielleicht sollte man darüber nachdenken. . .

Der erste genannte Bereich, die *berufliche Orientierung* erfordert m. E. die *Zusammenarbeit mit der Schule.* Geht die Zusammenarbeit über die Orientierungsgespräche hinaus?

B: – Sicher! Ich kenne also die Lehrer in den Schulen. Ich kenne die Schulleiter. Wobei in einigen Schulen, gerade im Körperbehindertenbereich ein Problem auftaucht. Es denken manche Lehrer, und das ist an und für sich rein menschlich durchaus zu verstehen, diese armen Mädchen, diese armen Jungen haben die schwere Körperbehinderung, und nun kommt er auch mit der Rechtschreibung nicht zurecht – aber ne fünf kannst du ihm doch nicht geben! . . .

Hier schließt sich für den Berufsberater die Diskussion um die Zensurengebung an, die ich bereits im vorigen Kapitel (3.2) dargestellt habe. Weitere Ausführungen zur Zusammenarbeit mit der Schule mache ich nicht.

Ich habe ebenfalls die Lehrerin nach der Zusammenarbeit mit dem Arbeitsamt bezüglich der beruflichen Orientierung der Schüler/innen gefragt:

I: – Gibt es eine Zusammenarbeit – und wenn ja, wie?

L: – Zusammenarbeit – ach wissen Sie, das läuft ja alles bürokratisch ab. Wir rufen an und sagen, bitte kommen Sie und machen Sie eine Beratung. Es gibt die zwei vorgeschriebenen. Der Berater kommt dann zweimal, spricht allgemein, bringt irgendwelche Papiere mit. Das klingt jetzt abwertend, aber ich werte es auch ab, weil es meiner Ansicht nach reiner Formalismus ist, der nicht die Bohne bringt. Der bringt irgendwelche Zettel mit, dann können die Kinder eventuell irgend etwas ankreuzen, dann läßt er ne Broschüre da, wünscht alles Gute bis dann.

Der zweite Bereich der Berufsberatung ist das *Einzelgespräch:*

I: – Wenn Sie sich Beratungsgespräche vorstellen, also im Vergleich zwischen Mädchen und Jungen, verhalten die behinderten Mädchen, die zu Ihnen kommen sich anders als die Jungen, also sieht man z. B. Unterschiede in der Berufsmotivation oder z. B. im Durchhaltevermögen?

B: – Nein, kann man nicht sagen, kann man nicht sagen. Sind keine Unterschiede festzustellen. Sie müssen bedenken, durch die Ausbildung in den – solche Mädchen sind ja durch die Kindergärten sehr frühzeitig gekommen, da kommen Mädchen und Jungen zusammen in der Schule, das ist dasselbe, also ich kann da nicht mehr feststellen, daß da Unterschiede sind. . . .
Die werden genauso beraten, die Mädchen wie die Jungen. Haben dieselben Zeiten zur Verfügung. Die Form, individuell, natürlich auf die Behinderung angepaßt, ist bei beiden gleich. Also ein behindertes Mädchen mit Hüftluxation wird genauso beraten, im gleichen Umfang und auch mit den gleichen Möglichkeiten wie ein Junge mit Hüftluxation.
Oder ein Mädchen mit Diabetes, mit Diabetes mellitus, also wenn sie da schon kräftig spritzen muß, wird genauso behandelt – das Mädchen wie der Junge. Es werden da speziell dieselben Berufe vorgeschlagen.
Es gibt landläufig Berufe, die bei Jungen und Mädchen nicht sehr beliebt sind. Aber das ist völlig gleich. Also das hängt in der Vergangenheit mit einer gewissen Verteufelung bestimmter Berufe zusammen, nicht?

I: – Woran denken Sie da?

B: – Na, die Metallberufe! Finger dreckig machen, das wollen weder Jungen noch Mädchen.
. . .

I: – Aber die Mädchen haben doch wahrscheinlich andere berufliche Interessen, andere Berufsvorstellungen als Jungen, nicht? Oder sind die genauso häufig an einem Holz- oder Metallberuf interessiert wie Jungen?

B: – Ich sagte vorhin, daß Jungen so stark daran auch nicht interessiert sind. Denn Jungen wollen jetzt überwiegend vielleicht einen Elektroberuf, das ist sehr beliebt und dann in die öffentlichen Verwaltungen gehen, das wollen die Jungen auch. Und Mädchen dasselbe, wollen auch in die Büros und die öffentlichen Verwaltungen gehen.

I: – Aber wahrscheinlich nicht in Elektroberufe, nicht?

B: – Auch, kommen sie auch, vielleicht nicht so viel, das mag sein, aber nun ist das bei den Behinderten sowieso parallel, denn es kommt ja darauf an, was können sie leisten, rein körperlich.

Ich fragte den Berufsberater, wie denn das quantitative Verhältnis von Mädchen und Jungen in den „typischen Männerberufen" sei.

B: – Ja, da muß ich feststellen, daß ja Mädchen eigentlich in diese Berufe nicht wollen. Grundsätzlich. Nicht, das müssen wir schon so sehen! Mädchen scheuen sich vielfach vor technischen Berufen. Und ich habe auch festgestellt, die Tests, die wir ja durch unseren psychologischen Dienst vornehmen, daß im Durchschnitt Mädchen im technischen Bereich nicht so erfolgreich sind . . . Also das sind Fakten. Genaueres darüber könnte Ihnen sicher unser Psychologe sagen.

D.h., der Berufsberater bietet an – aber die Mädchen nehmen nicht an. Ich fragte, in welcher Weise die Berufswahl der Mädchen durch die Eltern/Mütter beeinflußt wird:

I: – Und die Zusammenarbeit mit den Eltern, wie ist die so?

B: – Ja, die Eltern kommen in der Regel hier mit, eher mit als bei den Jugendlichen, die normale Realschüler und Hauptschüler sind, die kommen meistens alleine. Hier kommen die Eltern in der Regel mit. . . .
Auch bei den Lernbehinderten, ja. Weniger als bei den Körperbehinderten, das müssen wir schon feststellen. Und da versuchen wir, sie auch umfassend mit in das Gespräch und das Geschehen einzubeziehen. Nicht, und dann ist die Zusammenarbeit entsprechend. Wobei es natürlich ne Rolle spielt, wie weit die Eltern eine festgefügte, vorgefaßte Meinung haben. Und wenn wir dann in diesen Fällen manchmal diese feste Meinung etwas erschüttern müssen, dann sind wir natürlich nicht gut.

I: – Aber das ist doch wahrscheinlich auch den Jugendlichen gegenüber ein Problem, daß die Eltern festgefügte Meinungen haben . . . daß die Eltern ihre Kinder, oder Mütter ihre Töchter, beruflich in eine bestimmte Richtung bringen wollen –

B: – kann ich nur sagen, kommt in meinem Bereich in Berlin nicht vor!

I: – Also so traditionelle Vorstellungen –

B: – Nein, in Berlin und in meinem Praxisbereich kommt es nicht vor!

I: – Also die Gleichberechtigung der Mädchen scheint verwirklicht zu sein! (ich muß leider lachen)

B: – Hier zumindest in unserem Bezirk. Ich höre aber auch von anderen Kollegen, das ist auch nichts anderes.

I: – Das wundert mich ein bißchen . . . Wenn ich mir die Statistiken angucke, auch von den Eingliederungs- und Förderungslehrgängen . . . ist es doch überall so, in den Berufsbildungswerken übrigens auch, daß der Anteil der Mädchen sehr gering ist oder geringer ist, z.B. bei 30% liegt, also 1/3 Mädchen, 2/3 Jungen . . .

B: – Man weiß natürlich nicht, wie weit die häusliche Beeinflußung durchschlägt. Das kann man natürlich nicht beurteilen, das kann ich ja nicht sehen! Im Gespräch hier kommt es nicht zum Ausdruck.

Es scheint dem Berufsberater ausschließlich darum zu gehen, mir gegenüber zu begründen, daß er die Jugendlichen „geschlechtsneutral" behandelt, je nach ihren Fähigkeiten – ich würde sagen: nach ihren Un-Fähigkeiten!

Zum Bereich der „Einzelberatung" gehören auch die ärztliche Untersuchung und der psychologische Test. Hierzu möchte ich die Einschätzung des behinderten Mädchens und der Lehrerin einflechten:

M: – Ja. Und dann durfte ich gehen. Und dann, ne Zeit lang später war ich dann bei nem Test, der fünf Stunden dauerte ... Den hab ich dann gemacht, aber der ist nicht gut ausgefallen, weil – meiner Ansicht nach ist für einen behinderte Menschen – naja, man sagt ja immer, und steht ja auch in Büchern und so, daß ein Behinderter schon ne gewisse Leistung bringen können müßte. Aber ich find das trotzdem ungerecht. Die Zeit ist so knapp bemessen. Und das muß man doch schon irgendwie berücksichtigen. Und ein Behinderter ist auch nur'n Mensch. Also ich möchte mal ganz ehrlich sagen, das schaffen noch nicht mal Nichtbehinderte.
... Und das wollen die nie wahrhaben, daß das so ist. Der hat erklärt, so mußt du die Rechnung rechnen, dann hat er die Uhr angestellt, und dann wolltest du anfangen, mußtest dir erstmal ein bißchen klarwerden, wie das geht, ja? ... und dann hat es schon wieder gepiept, bitte legen Sie den Stift sofort wieder hin. Und da hab ich von dem Mathe-Bogen drei geschafft, und davon waren zwei vielleicht richtig. ...
Und meine Mutter war auch ganz erschlagen, was die da so fordern, daß die viel fordern, aber daß man das in der knappen Zeit – was ich dir vorhin gesagt hab – gar nicht schaffen kann ...
Ich meine, welche schaffen das schon, aber viele Behinderte haben das nicht geschafft. Da bin ich nicht der einzige ...
Die Welt ist so durch Brücken und Hindernisse verbaut, ja, mit diesen Testergebnissen ist doch alles nur zu schnell geurteilt. Die Uhr hat geklingelt, jetzt wissen wir, du kannst es nicht.

L: – Irgendwann gibt dann das Einzelgespräch, Einladung dazu, mit einer nachfolgenden Untersuchung von dem Mediziner und dem Psychologen oder alles in einem . . Und dann gibt es den Test – so läuft das alles seinen Gang. Dann wird entschieden nach diesen Beurteilungen: ist brauchbar für eine Ausbildung in den Annedore-Leber-Werkstätten oder ist nicht! Und wenn nicht ist, das ist also üblich gewesen, dann in die Behindertenwerkstätte. Es gibt dann eben welche, die sich weigern und sagen, das mach ich nicht aufgrund der besprochenen Einschätzung dieser Einrichtung. Und viel mehr können wir nicht machen. Es gibt natürlich die Möglichkeit, Einspruch zu erheben, das ist dann unangenehm für alle Teile ...

Der dritte Bereich der Berufsberatung ist die *Vermittlung*.

I: – Von den Schülern, die Sie pro Jahr etwa haben, ... Sie haben eben schon gesagt, daß z. Zt. aufgrund des Ausbildungsstellenmarktes kaum jemand eine Berufsausbildung macht.

B: – Von den Lernbehinderten.

I: – Mädchen und Jungen gleichermaßen?

B: – Gleichermaßen.

I: – Und bei den Körperbehinderten? Wie sehen Sie das da?

B: – Ja, die Körperbehinderten haben eine Chance durch diese Berufsbildungswerke, die in den letzten Jahren entstanden sind. Wir haben hier in Berlin das Glück, sogar zwei Berufsbildungswerke zu haben, einmal das Rotkreuz-Institut in Kladow und einmal das Berufsbildungswerk Annedore-Leber in Britz. Beide Einrichtungen nehmen für alle Ausbildungen Jungen wie auch Mädchen auf. Unterscheiden da also nicht.

I: – Haben die gleich große Zahlen von Mädchen und Jungen?

B: – Das haben die nicht, weil sich nicht so viele Mädchen fanden. In den Berufen, die besonders handwerklich sind.

I: Wie ist das Zahlenverhältnis etwa?

B: – Hab ich nicht. Müßten Sie schon die Einrichtungen selbst befragen, nicht? Also das genaue Verhältnis von Jungen und Mädchen hab ich nicht. Also die nehmen auf jeden Fall für alle Ausbildungen sowohl Jungen wie auch Mädchen.

Er ruft beim Bildungswerk (Annedore-Leber) an und fragt nach: Ausgebildet werden z.Zt. insgesamt 158 Jungen und 95 Mädchen. Dazu erklärt der Berufsberater:

B: – Aber es ist keins – es ist keine Behinderte abgewiesen worden, weil sie ein Mädchen war.

Die meisten Lernbehinderten – Jungen und Mädchen gleichermaßen – finden nach Auskunft des Berufsberaters eine Arbeitsstelle auf dem Arbeitsmarkt (auf die hohe Arbeitslosenquote besonders von Mädchen geht er nicht ein).

Es folgen einige Ausführungen über die Vermittlung in Werkstätten für Behinderte.

I: – Haben Sie einen Eindruck, wieviel Prozent der Schüler eines Jahrganges dann zur Werkstatt für Behinderte gehen?

B: – Auch nicht, nein.

Außerdem frage ich nach denen, die nicht vermittelt werden können:

I: – Was meinen Sie, wieviele ganz zuhause sitzen bleiben, also nirgends –

B: – Also die sind ja überhaupt nicht zu erfassen! Die sind ja gar nicht zu erfassen. Kann ich Ihnen auch nicht sagen ...

Zusammengefaßt vermute ich, daß die Berufsberatungs- und die Vermittlungsstatistiken dem Berufsberater nicht unbekannt sein können, daß er jedoch von sich meint, er würde Mädchen und Jungen nicht in Abhängigkeit von ihrer Geschlechtszugehörigkeit behandeln und sei deshalb auch nicht verantwortlich für die Misere.

Mich hat die Ignoranz des Berufsberaters verblüfft.

Zum Schluß des Gesprächs habe ich gefragt, ob mein Gesamteindruck aus dem Gespräch richtig sei:

I: – Also von Ihrer Seite her, von Ihrer Aufgabenstellung, habe ich Sie so verstanden, daß Sie sagen, in der Berufsberatung ... bestehen Unterschiede zwischen behinderten Mädchen und behinderten Jungen eigentlich nicht!

B: – Ja, würde ich so sehen.

I: – Ich hatte an sich angenommen, daß Sie irgendwelche Unterschiede sehen ... und da wollte ich Sie fragen, was Sie in Ihrem Arbeitsbereich verändern würden?

B: – Ich würd' sagen, nichts!

I: – Es ist mir insgesamt sehr deutlich geworden, daß eine Orientierung an der Normalität, an dem, was gefordert wird in der Realität, und das setze ich jetzt mal gleich mit Normalität, sehr stark da ist. Und das auch der Maßstab ist! Daran wird gemessen und –

B: – Daran wird gemessen, ja! Sie müssen sagen, jeder muß sich an dem Normalen messen lassen. Und je besser er diesen Punkt erreicht, völlig normal zu sein, um so besser klappt alles im Berufsleben. Und nun muß man sehen, daß man eben denen, die da eben behindert sind und diese Normen nicht erreichen, so gut hilft, wie es möglich ist und wie sie mithelfen!

Nachdem wir das Interview „offiziell" beendet hatten, folgte eine Einschätzung zu den Zukunftsaussichten behinderter Mädchen im *Unterschied* zu behinderten Jungen, die ich hier zu Ergänzung und ohne Kommentar anfügen möchte:

B: – Das ist natürlich so, ich will Ihnen da was sagen, das ist die Praxis. Ein Mädchen, stark lernbehindert oder auch körperbehindert ist natürlich in der heimatlichen Familie als Hilfskraft willkommen, wenn man gleichzeitig ein Pflegegeld von 1.200,– DM bekommt.

I: – Wäre ein Junge nach der Argumentation nicht genauso willkommen?

B: – Ja, die tun das einfach im Haushalt nicht. So'n schwer lernbehindertes Mädchen – 1.000,– DM kriegt man vom Staat dazu, das ist doch prächtig als Hausmädchen, warum soll die noch – . . .
Also das ist der Grund. Sie müssen ja bedenken, daß die Behinderten in Berlin alle, wenn die Körperbehinderung einen bestimmten Grad erreicht, auch wenn sich's um Debile handelt, Mongoloide usw., gibt es ja Hilflosenpflegegeld, nicht, nach dem Hilflosen- und Blindengesetz.
Und das ist ja ganz schön, und dann noch 'ne Haushilfe, und Jungen sind da einfach nicht so anstellig im Haushalt.

I: – Das trifft aber für Lernbehinderte z. B. nicht zu, die kriegen ja nicht so viel Pflegegeld.

B: – Auch, das nicht, aber trotzdem sind natürlich Mädchen viel in den Haushalten. Und die Mädchen sind ja auch bereit, das zu akzeptieren, nicht?

I: – Zum Teil wohl, weil ihnen nichts anderes übrig bleibt!

B: – Ja, sie hätten also weniger, sicher – auch die Jungen sind ja durchaus nicht alle – wir befürchten es, wir hoffen natürlich, daß alle die, die im Berufsbildungswerk eine Ausbildung erfolgreich abschließen, daß wir die auch vermitteln können, denn das ist ja unser Ziel. Aber wir wissen natürlich, daß das doch nicht vollständig gelingen wird.

I: – Wissen Sie, wieviele von denen vermittelt werden?

B: – Wir haben da noch keine Erfahrungen, weil das ja noch im Aufbau ist, nicht? . . .

V. Probleme der Identitätsfindung/Zukunftsperspektiven behinderter Mädchen

1. *Zukunftswünsche und -befürchtungen eines behinderten Mädchens – Ergebnisse eines Interviews*

In den Mittelpunkt dieses letzten Kapitels möchte ich das Interview mit dem behinderten Mädchen stellen, und zwar, weil dieses Mädchen m. E. ihre Zukunftsvorstellungen und -befürchtungen so realistisch geäußert hat, daß sie kaum noch einer Interpretation bedürfen.

M. möchte den *Beruf* „Telefonistin" erlernen. In diesem Bereich macht sie auch ihr Betriebspraktikum. Das Arbeitsamt hält sie jedoch für nicht geeignet und hat ihr eine schulische Weiterbildung empfohlen:

M: – Also gerne würde ich machen Telefonistin. Also was ich auch im Praktikum schon fast ausübe. Aber das bekomme ich ja leider nicht.

I: – Ist das ganz aussichtslos?

M: – Glaube ich schon, nachdem vom Arbeitsamt – ich weiß nicht warum, aber vielleicht denken die sich, man muß da schon 'ne gewisse Voraussetzung haben, aber daß ich die nicht habe, kann ich manchmal gar nicht glauben. Ich bin da gewesen, da habe ich das gesagt, naja, ja haben sie gesagt, es würde schon Möglichkeiten geben, aber einer hat erst gesagt, ja, sowas gibt es ja heutzutage gar nicht mehr, sowas ist ja altmodisch, so fing er schon mal an. Naja und dann haben sie gesagt, es würde Möglichkeiten geben, aber da muß man ja auch 'ne gewisse Schnelligkeit haben – und weiter nichts. Dann mußte ich mal zu einer ärztlichen Untersuchung ... und als ich dann da ankam, war das ne Untersuchung von 10 Minuten ...
Und dann haben sie danach ein Gutachten geschrieben. Von der Sekretärin – er hat das beurteilt, und sie hat getippt ... Naja, das ist eigentlich Wahnsinn, das ist so wenig, was die da gemacht haben. Danach kann man doch keinen Menschen beurteilen, denk ich manchmal. Das find ich manchmal so ungerecht. Aber da hat der gesagt, eben, daß ich für den öffentlichen Dienst nicht geeignet bin. Ich sollte erst mal dahin, wo ich noch was lerne.

I: – Und wenn du gern Telefonistin würdest, wie kommt das, warum würdest du das gern machen?

M: – Weil das ein Problem ist mit dem Arbeiten. Ich hab nie richtig gewußt, was ich mal werden will. Ja, Telefonistin stell ich mir gut vor. Ich weiß nicht, wie ich das sagen soll ... abwechslungsreich wär das und nicht langweilig und auch nicht besonders schwer. Weil vor so einem ganz schweren Beruf, da würd' ich vielleicht scheitern, und davor hätt' ich Angst. Also besonders schwer stell ich mir das gar nicht vor. Naja, und wir haben dann auch mal einen Ausflug gemacht zum Fernmeldeamt in Schöneberg, und da haben die die verschiedenen Tätigkeiten gezeigt. Erstmal 118 Auskunft, und dann Telegramm aufnehmen, und dann auch noch mit Stecken. Naja, und dieses Stecken und dieses – Auskunft, das durften wir dann mal ausprobieren. Und das fand ich gar nicht so schwer. Ich meine, wenn man das erst das erste Mal macht, ist man immer ein bißchen ungeschickt, aber – naja, und das war ganz nett und deswegen möchte ich es gern. Weil mir das immer so einen Spaß macht, will ich gar nicht mehr – also ich behalt meine Gedanken daran. Ich würde meine Pläne jetzt nicht mehr ändern.

I: – Also das willst du gern werden.

M: – Ja. Was anderes kommt für mich auch gar nicht in Frage, glaube ich. Ich hab auch gar nicht so andere Dinge, die ich so gut finden würde. Vielleicht ist das jetzt nur , aber ich glaube nicht.

I: – Kannst du dir vorstellen, wenn du jetzt weiter zur Schule gehst und die Mittlere Reife machst und immer noch Telefonistin werden willst danach, wenn dir das verweigert wird, wenn dann z. B. das Arbeitsamt sagt, das geht immer noch nicht, was du dann machen würdest?

M: – Dann würde ich ganz schön zornig sein. Weil ich die Gründe gar nicht mehr einsehen würde, weil ich gar nicht mehr weiß, ob die einen behinderten Menschen ausbeuten wollen oder nur verscheißern wollen. Weil es gar keine Gründe mehr gibt dann, nee zu sagen. Dann gibt es ja gar keine Gründe mehr, dann sagen die das nur so. Und das würde ich dann herausfinden, und dann würde ich ganz schön sauer sein. Also ich stell mir das ganz schön doof vor. Ich würde sooo sauer sein, aber ob ich mich dann wehren könnte, wüßte ich nicht . . . Naja, manchmal weiß ich überhaupt nicht, was das Arbeitsamt so richtig von einem verlangt. Ich meine, ich weiß es schon, aber manchmal sind sie ganz schön – . . .

I: – Und wenn die dann z.B. immer noch sagen würden, Sie können ja in einer Werkstatt für Behinderte arbeiten, was würdest du denn dann machen, würdest du dort anfangen?

M: – Ich weiß nicht, ob man das muß. . . . Ja. Da will ich um keinen Preis hin. Naja, um keinen Preis ist auch falsch gesagt. Aber ich seh das so, ich will nicht so schnell aufgeben. Erstmal die Gründe herausfinden. Weil ich weiß, viele Leute sagen das, und wenn die das sagen, ja, dann ist man da, aber man hat ja noch gar nicht alle Quellen ausprobiert. Die will ich erst noch alle ausprobieren . . .

I: – Und wenn du so allgemein über Berufe nachdenkst, wie wichtig findest du das eigentlich, daß ein Mädchen einen Beruf ergreift.

M: – Ich find das sehr wichtig, weil ich mir auch so über meine Zukunft Gedanken mache und manchmal . . . weil ich dann denke, ja wenn ich dann nicht mehr zur Schule gehe, was machst du dann weiter? Und dann verstehe ich die Leute nicht, die sagen, ein Beruf ist nicht wichtig. Für Mädchen. Das ist immer wichtig. Das Leben ist sonst nichts mehr wert, würde ich sagen. Also ohne Arbeit ist das für mich trostlos.

I: – Du würdest dann zuhause sitzen und langsam versauern?

M: – Ja. Ich meine, ich will nicht unbedingt acht Stunden arbeiten. Wenn ich's muß, dann muß ich's. Aber arbeiten will ich schon. Und das soll auch anerkannt werden. Also will ich arbeiten. Finde ich schon notwendig, und bei Behinderten noch notwendiger.

Ich frage M. nach ihren *Kontakten zu anderen Mädchen und Jungen.* Dabei wird zunächst einmal deutlich, daß sie zwischen schulischen und „privaten" Kontakten trennt:

I: – Und verstehst du dich in der Schule mit Mädchen und Jungen gleich gut, oder ist da ein Unterschied?

M: – Ist kein Unterschied. Ich versteh mich mit den Mädchen genauso gut wie mit den

Jungen. Aber dafür hab ich ja privat Freunde. Die nicht auf diese Schule gehen, aber die auch behindert sind. Also mit denen aus der Klasse mich nicht privat zu treffen, das liegt auch an mir. Weil privat mach ich was ganz anderes.

I: – Was machst du denn so?

M: – Naja, dann gehe ich mit meinen Freunden, die sind auch behindert, dann gehe ich zu denen nach Hause und machen Musik und machen da was, oder eben im Café, also überall so, wo man zusammen sein kann. Naja, und das macht schon Spaß. Und was die anderen so treiben, das weiß ich ja nicht. Ja, und ins Kino gehen mit denen.

I: – Und deine privaten Freunde, sind das Mädchen, oder sind das Jungen?

M: – Meine Freunde privat, das sind eigentlich zwei Jungen, die hab ich mal hier kennengelernt und, na wie soll ich sagen, da besteht nichts Engeres, aber man kann sich mit denen unterhalten. Und die sind auch – . . . und du kannst sagen, was du meinst, und die sagen auch, und dann kann man sich mit denen wirklich gut unterhalten. Ich will nicht sagen, daß ich mich mit Jungen besser verstehe und besser über die Problme unterhalten kann, aber was ich jetzt herausgefunden habe, die hören dir schon gerne zu. Naja, und sind auch verständnisvoll, weil sie ja selbst in der Situation sind. Man hilft sich gegenseitig.

I: – Und hast du auch nichtbehinderte Freundinnen oder Freunde?

M: – Ja, eine Freundin.

I: – Woher kennst du die?

M: – Die wohnte bei mir nebenan, und die ist jetzt umgezogen, die besucht mich dann halt immer. Wo sie noch nebenan gewohnt hat, ist sie einfach rübergesprungen zu mir, und dann war sie da . . Also ich hab von beiden – nichtbehindert oder behindert. Das ist bei mir nicht schlecht.

I: – Und konntest du mit der Freundin auch über Sachen sprechen, die so auch mit deiner Behinderung zu tun haben, oder blieb so etwas draußen?

M: – Naja, man konnte mal so andeuten, daß z. B. – wie soll ich das erklären – also Andeutungen konntest du machen, nicht so ein längeres Gespräch . . . Ich war mal mit ihr in der Diskothek, da hab ich gesagt, es ist doch jetzt schade, daß ich nicht mittanzen kann. Und dann haben wir uns mal darüber unterhalten, aber mehr nicht . . .

Es folgt eine kurze Unterhaltung über das Buch von Ursula Eggli: „Herz im Korsett“ und über den Film „Behinderte Liebe“. Daran schließt sich der folgende Gesprächsabschnitt an:

M: – Ich meine, wenn man behindert ist, ist es doch schwerer, einen Freund zu finden. Bin ich der Meinung. Weil, naja, also ich hab immer so das Gefühl, manche Jungen urteilen auch schnell. Also wenn man im Rollstuhl sitzt, also die haben keine Abneigung, aber die stellen sich das schwer vor, und dann wollen sie es lieber doch nicht eingehen. Also eine engere Beziehung. Sie haben etwas Angst. Nicht, weil man behindert ist, weil sie sich das schwer vorstellen.

I: – Hast du das schon mal so erlebt, ja?

M: – Hm, naja, ich hab mal – na so richtig erlebt noch nicht, aber ich hab mir so überlegt, welche Gründe das haben kann, daß viele Jungen, wenn du zu denen sagst, ich finde dich ganz gut oder so, daß die dann nicht näher darauf eingehen, und da hab ich mir so gedacht, das kann nur den Grund haben, daß die sich das schwer vorstellen. Also wenn sie z.B. ja sagen würden, daß dann erst das Problem auf sie zukommt.

I: – Und das ist dir schon mal so passiert, daß du gesagt hast, ich find dich eigentlich gut, und wie hat der Junge reagiert, hat sich zurückgezogen, ja?

M: – Hat gelacht und ist einfach abgehauen. Na, wie soll ich sagen, ganz schön etwas gemein. Ganz schön.

I: – Das verletzt ja auch –

M: – Ja, aber was ich in der Klasse gut finde, wir reden auch. Jeder redet über sein Problem. Und bei jedem Mädchen aus unserer Klasse ist fast das gleiche. Das verletzt irgendwie, naja.

I: – Und das war ein nichtbehinderter Junge, ja?

M: – Ja.

I: – Und die Jungen, erzählen die auch sowas, daß sie ein Mädchen toll finden – die Jungen aus deiner Klasse?

M: – Die erzählen das auch, aber was ich an denen manchmal beneide, die erzählen nie so das – nie so Enttäuschungen. Ja die erzählen, die finden das gut, und dann malen sie sich das so aus, aber die sprechen das nicht an, die behalten das für sich. Das ist besser, als wenn man das Mädchen ansprechen würde, dann erleben sie gar keine Enttäuschung.

I: – Also die sprechen Mädchen gar nicht an.

M: – Nee. Aber das finde ich eigentlich auch blöd.

I: – Ja, aber dann brauchst du doch nicht neidisch zu sein darauf, wie die das machen.

M: – Nee. Naja, die haben bestimmt auch Angst. Aber trotzdem, irgendwie bin ich der Meinung, behinderte Jungen haben doch schon nichtbehinderte Freundinnen.

I: – Haben sie?

M: – Ja. Also gibt auch welche, die nicht haben. Es ist auch schwer, aber, doch, Jungen haben das schon häufig.

I: – Das glaube ich auch. Es ist die Frage, wie das kommt.

M: – Ja, weil – wie soll ich sagen – wenn jetzt ein behinderter Mann eine nichtbehinderte Frau anspricht und mit ihr so redet und so, ich finde, Frauen sehen das immer nicht so problematisch.

I: – Die sind eher bereit, sich auf so eine Beziehung einzulassen.

M: – Ja. Und warum Jungen nicht, das weiß ich nicht. Naja, weil die Jungen haben manchmal auch, die haben ganz andere Interessen, gehen noch was nach, Sport oder so, und dann fühlen sie sich davon – also, ich weiß nicht, als wenn sie sich übernehmen würden. Als wenn sie das nicht vereinbaren könnten. Naja.

I: – Und wenn du dir manchmal vorstellst, wie mal so deine Zukunft ist, auch außerhalb eines Berufs, stelltst du dir dann vor, mit einem Mann zusammen zu leben – und vielleicht Kinder zu haben – was stellst du dir so vor?

M: – Also mit einem Mann zusammenleben, das schon. Das stelle ich mir vor, aber ich – also wenn das kommt, würd ich ja staunen, weil ich mir das manchmal gar nicht denken kann. Ich glaub einfach nicht daran. Naja, ich wär ja, ich wär schon begeistert. Aber Kinder haben, das könnt ich erstmal gar nicht, weil ich könnte das nicht versorgen – und ich könnte das gar nicht gebären, weil das hat von meiner Behinderung her Gründe . . .

I: – Und magst du sonst Kinder gern? Könntest du dir vorstellen, gerne ein Kind zu haben vielleicht mal? Oder würdest du auch gar nicht unbedingt –

M: – Nee, eigentlich kann ich mir das gar nicht so vorstellen. Ich meine, wenn ich so Kinder sehe, und Mütter, aber so an mir, ich kann mir das gar nicht vorstellen . . .
Es ist bei mir mehr der Grund wegen meiner Behinderung. Weil ich einem Kind was –

was Gewisses bieten muß. Naja, ich könnte das auch nicht so richtig versorgen und so. Wenn das der Mann machen würde, dann würde das gehen, aber ich kann ja einem Mann auch nicht alles überlassen, in der Beziehung, glaube ich. Das geht nicht, stell ich mir vor. . . .

I: – Wie ich dich jetzt verstanden habe, wären deine Vorstellungen, was deine Zukunft betrifft, hauptsächlich eben einen Beruf zu haben und dann zu arbeiten.

M: – Ja, mit dem Freund das kommt bei mir an letzter Stelle. Weil ich hab da die Erfahrung gemacht, daß es gar nicht so einfach ist und daß das erstmal gar nicht das Wichtigste ist.

I: – Wie sehen deine Eltern das? . . .

M: – Ja, meine Eltern stellen sich das ganz normal vor. Mit nem Beruf und einer eigenen Wohnung, aber behindertengerecht. Aber sie stellen sich das normal vor, aber sie wissen nicht, wie sie mir da helfen können . . . Ich merke oft, sie sind oft so verzweifelt. Manchmal sind sie auch so aggressiv. Ich meine, jeder hat mal in der Familie Streitigkeiten, aber sie wissen manchmal nicht, wie sie mir helfen sollen. Aber das beste wollen sie schon, also. Sie wollen auf keinen Fall, daß ich in so eine Behindertenwerkstatt abgeschoben werde, und da mein Leben lang bin, ich weiß nicht so, bis ich vielleicht so 30 bin und dann mal weitersehen – das wollen sie nicht, das weiß ich ganz genau, aber mehr weiß ich nicht.

I: – Und sie unterstützen dich auch, weiter zur Schule zu gehen?

M: – Ja, das ja. Also sie wollen wirklich – sie wollen schon das beste. Aber sie wissen nicht so richtig, wie. Und mit einer Wohnung das ist nicht so einfach. Wenn, dann müßte man mit einer Freundin oder so zusammen wohnen oder – ich weiß auch nicht.

I: – Kannst du dir das vorstellen, ja?

M: – Das kann ich mir vorstellen. Aber ich hab auch schon – weil ich so mal Lust hätte, hab ich mal mit meiner Freundin darüber gesprochen. Sie hat gesagt, sie würde das ganz toll finden, weil sie mit mir auch gut auskommt, und die Handgriffe, die sie immer so machen müßte, ich kann ja ganz viel alleine, die wären auch nicht schwer, aber sie weiß auch nicht, wie sie – wie wir das weiter verwirklichen könnten. Mit ihren Eltern und so. Aber toll würde sie das finden. Und ich würde das auch gut finden. Ich hab immer so Vorstellungen. Und dann hab ich mir das so ausgemalt, jeder gibt einen Teil von seinem Verdienst in eine Kasse, und dann wird gespart und so. Also ich male mir dann immer die tollsten Sachen aus. Und dann, wenn sie viel gearbeitet hat, dann koch ich mal und mach ich mal sauber, was ich kann, und dann macht sie mal sauber. Also ich könnte mir das nicht denken, daß wir uns so in die Haare kriegen würden, weil wir uns eigentlich gut verstehen. Und ich finde, man müßte so was wirklich mal verwirklichen, weil ich auch durch Zeitung oder durch Fernsehen noch nie von so was gehört hab. Also daß viele zusammen wohnen, hab ich noch nicht so oft gehört.

I: Daß es Wohngemeinschaften gibt –

M: – Ja, aber nicht so, daß Freundinnen mit Freundinnen, ja . . .
Ich meine, jeder müßte einen eigenen Raum haben . . .
Aber schlimm wird es ja immer, wenn z. B. die Freundin einen kennenlernt, und die wollen dann zusammenziehen. Das wird schlimm. Ich würde schon gerne so was eingehen, aber ich – irgendwann würd ich mich dann so – ich hab Angst davor, so als Abstellgleis zu gelten. Weil manchmal denk ich, dann mach ich ihr das nicht recht, und dann ist sie auf mich sauer – da hab ich schon ein bißchen Angst. Aber ich glaube, das ist bei jeder – wo man mit ner Freundin zusammen wohnt, ein bißchen – . . .
Aber meine Angst war ja, daß ich irgendwann mal reiche, verstehst du? Daß die dann sagt, du reichst mir jetzt. Denn ich finde, ein Behinderter verkneift sich eher was als

ein Nichtbehinderter. Also ich würde nie sagen, du reichst mir. Ich würde sie länger erdulden als sie mich vielleicht.

I: – Weil du Angst hast, daß du sonst alleine dastehst.

M: – Ja. Und ich glaube, das ist auch bei anderen behinderten Mädchen so, nicht nur bei mir.

Zum Schluß wollte ich wissen, in welcher Form in der *Schule* über die *Zukunftspläne* der Mädchen gesprochen wird.

I: – In der Schule, sprecht ihr da eigentlich über eure Zukunftspläne auch – über Berufe ja, nicht?

M: – Meinst du jetzt Heiraten und so?

I: – Ja, zum Beispiel.

M: – Oh, nur die Mädchen. Die Jungen in meiner Klasse wollen nicht so viel davon wissen.

I: – Also mit den Mädchen sprichst du darüber?

M: – Ja, da kann man auch so richtig über die Probleme sprechen. Z. B. daß ich ein Kind nicht so gut gebären könnte . . .
Aber mit den Jungen kann man sich darüber nicht so unterhalten. Und will ich auch manchmal so gar nicht.

I: – Glaube ich. Aber im Unterricht sprecht ihr so über so etwas nicht?

M: – Nee. Also Sexualkunde haben wir. Aber da wird nicht über die Probleme – da wird allgemein – so wie man in der Regelschule Sexualkunde hat.

I: – Aber im Unterricht könnte man sich ja vorstellen, darüber zu sprechen, wie stelle ich mir überhaupt meine Zukunft vor? Wenn ich mal 25 bin oder 30 – wie ich gern sein möchte, was ich gern machen möchte.

M: – Ja. Nein, im Unterricht ist das nicht.

I: – Und was dann so an Zukunftsplänen besprochen wird, das bezieht sich dann nur auf die Berufsausbildung.

M: – Ja. Eben nur wie es so aussieht in der Berufswelt. Weiter nichts.

I: – Das finde ich schade. Das andere ist ja nicht unwichtiger.

M: – Naja, aber es gibt viele Lehrer, die das nicht so interessiert. Muß ich dir leider sagen. Aber viele Lehrer, die wollen uns auf einen guten Weg weisen und viel lernen, aber die sehen nur, daß wir einen Beruf haben und anerkannt sind, aber was später so mit unserem Privatleben ist, das interessiert sie wenig. Ich meine, viele sagen, was ich privat mache, das geht die gar nichts an, das ist richtig, aber ein bißchen dafür interessieren könnten sie sich. Ich meine, es gibt Lehrer, die mal so fragen, na, wie findest du das so, verheiratet zu sein, aber das interessiert die nicht sehr. Also unsere Lehrerin ist sehr – bei der kommt Heiraten an letzter, letzter Stelle, wenn ich das mal so sagen darf, oder überhaupt nicht! . . .
Arbeit ist bei ihr an erster Stelle . . . Sie weiß ganz genau, wie die Arbeitswelt ist, und wie man so dasteht, wenn man nichts kann, und das will sie auch nie vergessen, und das versucht sie auch immer uns beizubringen. Aber das nützt alles nichts, man muß auch mal über andere Sachen reden . . .
Nee, also mit einem Wort gesagt, das Thema kommt bei uns fast gar nicht. Wenn man durch Zufall was anredet, dann reden die zwangsweise mit, aber sonst nicht.

2. *Anmerkungen zum Interview*

Ich habe ebenfalls mit der Lehrerin über die Zukunftsperspektiven behinderter Mädchen gesprochen und habe ihr gegenüber in groben Zügen die Einschätzung des befragten Mädchens (vgl. 5.1) dargestellt.

I: – Wie schätzen Sie die Aussicht behinderter Mädchen hinsichtlich einer solchen „privaten" Zukunft ein . . . Was meinen die Mädchen selbst dazu, und wie lassen sich die Probleme, die da auftreten, bearbeiten oder verarbeiten? . . .

L: – . . . Ich glaube, die sind noch etwas zu jung, um abzuschätzen, wie schwierig das ist, daß sie also noch viel, viel weniger Chancen haben, als sie sich jetzt noch ausrechnen. Da sind ja vielleicht noch einige Blütenträume und Hoffnungen – noch ne ganze Menge Hoffnungen.

I: – Kommt so etwas manchmal in irgendwelchen Gesprächen vor?

L: – Die (Mädchen) sind da eigentlich sehr zurückhaltend. Nicht, das kommt so zwischendurch mal. So beim Thema über Rolle Mann-Frau, da kommt schon mal etwas. Daß sie also sagen, ich würde das so und so machen. Mit einem Freund. Aber das kommt ganz selten, muß ich sagen. Nur S., unsere Schwächste, die schwärmt immer nur. Nee, ich glaube, ich kann da nichts Gescheites zu sagen. Das ist auch so heikel. Ich hab auch nicht die – ich bin da einfach auch zu ängstlich, daran zu rühren. Es kommt schon mal so irgendwas, ja, das wünschen sie sich, das wär sehr schön, und gleich wieder ein resignativer Rückzug.

I: – Aber das mal zum Unterrichtsthema zu machen? Das ist dann voller Angst, ja?

L: – Ich trau mir das also nicht zu. Und zwar weil ich genau weiß, solange man nicht darüber spricht, verletzt man sie nicht weiter. Sie sind ja schon verletzt, nicht? Und wenn ich – das kann ich nicht! Nicht, ich kann, wenn da irgend etwas ganz Euphorisches kommt, dann sage ich, überlegt bitte, welche Möglichkeiten ihr habt. Aber weiter gehe ich da gar nicht. Denn wenn ich das zum Thema machen würde, müßte ich dann ja auch irgendwann mal sagen, nun steht mal dazu, ihr sitzt im Rollstuhl, eure Chancen sind – äußerst gering, um nicht zu sagen, ihr habt keine.

I: – Ich erzähle jetzt mal ein bißchen davon, was M. (das befragte Mädchen) dazu gesagt hat . . .
Sie hat zu mir gesagt, als unser Gespräch zuende war, . . . das finde ich gut, wenn du das auf jeden Fall schreibst, sowas mit Freundschaften.

L: – Hm, hm!

I: – Das fand sie sehr wichtig . . . daß ich das auf jeden Fall schreibe. Und sie fände es auch wichtig, wenn das auch im Unterricht mal ein Thema wäre . . .
Und bei ihren Vorstellungen fand ich sie auch einigermaßen realistisch, indem sie gesagt hat, es wäre natürlich ein Traum, eine Phantasie, über die sie begeistert wäre, wenn sie mal einen Freund, also einen männlichen Partner finden würde. Aber sie könnte sich auch vorstellen, mit einer Freundin zusammen zu wohnen, wobei sie später über ihre Angst sprach, daß nämlich die Freundin ihr dann sagt, du reichst mir. . . .
Aber solche Sachen hat sie gesagt –

L: – Das ist ja toll!
. . .
Ich stelle also nur fest, daß meine Leute so vieles vergessen. Ich sag denen immer, wenn ihr irgend etwas wollt, und das ist wirklich keine Phrase, schreibt mir das auf, oder sagt es mir . . . Dann haben wir zwei große Zettel an der Pin-Wand.

I: – Aber das habe ich ja im Gespräch vorgeholt . . . Ich habe ja auch danach gefragt.

L: – Aber ich sage denen, schreibt das auf, und wenn das da steht, wird das umgesetzt . . . Es ist manchmal zum Verzweifeln. Die gehen weg, und ich weiß nicht, was mit ihnen passiert. Und ich muß zu meiner Schande gestehen, ich traue mich da nicht mehr anzurufen. Bei den Eltern oder den Schülern. Weil, was kann ich? Ich kann ihnen keinen Trost geben und – nicht, da kriege ich allenfalls Aggressionen zu hören: die hat ihren Job, ihren sicheren Job, da bin ich wirklich mit meinem Latein am Ende. . . .
Ich finde das so tragisch, daß die Schüler nach der Schule mit hoher Wahrscheinlichkeit nur noch vor sich hindämmern. Ich habe es nicht gesehen, aber ich nehme es mit ganz, ganz großer Wahrscheinlichkeit an. Vor sich hindämmern, daß heißt, nicht ihr Leben leben, soweit das zu machen ist. Und was ich also tun könnte und noch tun müßte, wenn ich ihnen Hinweise gebe, das und das in Angriff zu nehmen. Und zwar unabhängig von Schule und Unterricht. Ich glaube, das ist überhaupt das Wichtigste.

Die Probleme der Identitätsfindung behinderter Mädchen/Frauen werden aus den Interview-Beiträgen des Mädchens und der Lehrerin ganz deutlich. Die Lebenssituation nichtbehinderter Frauen stellt die Norm dar, an der behinderte Mädchen/Frauen sich messen. Sie müssen sich nicht zuletzt deshalb daran messen, weil es keine bzw. kaum ihrer Lebenssituation angemessenen „Vorbilder" gibt.

Die Identitätsfindung behinderter Mädchen wird jedoch m. E. besonders dadurch erschwert, daß ihre konkrete Lebenssituation z. B. in der Schule so gut wie nicht zur Sprache kommt und entsprechend nicht zum Ausgangspunkt der Unterrichtsinhalte genommen werden kann.

Die Situation der Mädchen bleibt so einerseits unangetastet, gleichzeitig bedeutet aber gerade dies eine – wenn auch unbewußte – starke Beeinflussung der Sozialisation dieser Mädchen.

Während die Lehrerin sehr resigniert mit der Situation der Mädchen umgeht, ist das befragte Mädchen in seinen Zukunftsvorstellungen noch flexibel und lebendig. Sie kämpft (noch) gegen diese Resignation, die nicht so sehr von ihr selbst kommt, als vielmehr von ihrer Umwelt (hier der Lehrerin) vermittelt wird.

M. selbst reflektiert ihre aktuelle und ihre zukünftige Lebenssituation sehr klar – z. T. gemeinsam mit anderen behinderten Mädchen, aber auch mit behinderten Jungen. Dabei wurde im Gespräch deutlich, daß bestimmte Probleme ausschließlich mit anderen Mädchen besprochen werden.

Der Kontakt zu nichtbehinderten Mädchen ist ebenfalls wichtig, aber hier hat die erwartete, aber nicht zu erfüllende „Normalität" wieder einen entscheidenden Einfluß.

Die Zukunftsvorstellungen und -befürchtungen des Mädchens stellen sich insgesamt als realistisch heraus:

Behinderte Frauen leben seltener als nichtbehinderte Frauen mit männlichen „Partnern" zusammen. Desgleichen sind sie seltener verheiratet als behinderte Männer.[29]

Im Sinne einer eigenständigen ökonomischen Sicherung – die also nicht durch einen erwerbstätigen Ehemann im Tausch gegen familiale Reproduktionsarbeit geschieht – wäre es für behinderte Mädchen/Frauen besonders wichtig, über eine berufliche Ausbildung zu verfügen.

Es kann für behinderte Mädchen/Frauen m. E. nicht sinnvoll sein, sich an der „Normalität der nichtbehinderten Frau“ zu messen, sondern vielmehr, die eigenen Fähigkeiten und Interessen kennenzulernen und eine eigene Identität, aber keine „behinderte Identität“ zu entwickeln.

Schlußfolgerungen

1. Die in der vorliegenden Arbeit zusammengetragenen Daten zur Situation behinderter Mädchen in der Bundesrepublik und in West-Berlin sind nicht dazu geeignet, sich ein umfassendes Bild von der Lebenssituation und den Problemen behinderter Mädchen zu machen. Die empirischen Materialien sind bruchstückhaft, Interpretationen dazu fehlen entweder oder sie sind sehr oberflächlich.

2. Von den wenigen Autoren, die geschlechtsspezifische Aspekte von Behinderung betrachten, wird die unterschiedliche Situation behinderter Mädchen und behinderter Jungen und eine „besondere Benachteiligung" der Mädchen – vor allem im Bereich der beruflichen Ausbildung – festgestellt. Die zumeist männlichen Autoren machen sich jedoch nicht die Mühe, die geschlechtsspezifische Arbeitsteilung zu erklären.

3. Um die „besondere Benachteiligung" behinderter Mädchen zu erklären und ihr entgegenzuwirken ist es notwendig, die Situation behinderter Mädchen und Frauen vor dem Hintergrund der *geschlechtsspezifischen Arbeitsteilung* zu untersuchen, d. h. auch und besonders den Bereich der privaten Reproduktionsarbeit (Hausarbeit) als einen Bereich zu analysieren, für den faktisch ausschließlich Frauen verantwortlich gemacht werden.

An dieser Stelle ist zu fordern, daß die Forschungen zur sozialen Lage behinderter Kinder und Jugendlicher die Machtverhältnisse zwischen den Geschlechtern nicht ignorieren, sondern daß diese – mit dem Ziel der Veränderung – zum Ausgangspunkt der Untersuchungen genommen werden.

4. Es kann hier nur um eine engagierte *feministische Frauenforschung* gehen, die sich gegen die etablierte männliche Sozialforschung stellen muß. Diese Forschung kann erfahrungsgemäß am besten von Frauen, und hier besonders von den direkt betroffenen Frauen, geleistet werden. D. h., soweit es möglich ist, sollten behinderte Frauen selbst ihre Situation sowie die behinderter Mädchen untersuchen und Veränderungsmöglichkeiten entwickeln. Soweit dies nicht möglich ist und Forschungsarbeiten über behinderte Mädchen/ Frauen von nichtbehinderten Frauen geleistet werden, sollten diese immer eine Mitarbeit behinderter Frauen und Einbeziehung ihrer Erfahrungen beinhalten.

5. Die Forschung muß die *geschlechtsspezifische Normalität untersuchen,* d.h. sie muß fragen, wie Normen als alltägliche Form von Macht wirken und die davon betroffenen Menschen unter Anpassungszwang stellen:

„So weit man auch geht im sozialen Netz, immer findet man die Macht als etwas, das ‚durchläuft', das wirkt, das bewirkt ... (Foucault 1976, S. 99f.).

6. Gerade die in den vorigen Kapiteln dargestellten Interviewergebnisse zeigen, daß die gesellschaftliche Normalität als Maßstab und als enormer Zwang wirkt:

Das Interview mit der Mutter des behinderten Mädchens hat einen Eindruck davon vermittelt, wie verletzend die Geburt eines behinderten Kindes für die Mutter sein kann, welche Enttäuschungen entstehen, und wie durch die rigiden Normen verhindert wird, eine behinderte Tochter, so wie sie geworden ist, zu akzeptieren.

Das Interview mit der Lehrerin hat gezeigt, wie stark der Normdruck wirkt, auch wenn ein kritisches Bewußtsein gegenüber der Institution Sonderschule und gegenüber den Zwängen des Arbeitsmarktes einschließlich den Sondereinrichtungen zur beruflichen Eingliederung Behinderter, besteht.

Der befragte Berufsberater ist ein konsequenter Vertreter der Normalität. Dabei kann es allerdings passieren, daß die behinderten Jugendlichen auf der Strecke bleiben.

Sehr reflektiert und noch auseinandersetzungsfähig ist die befragte behinderte Schülerin. Sie hat als Betroffene sowohl ein ausgeprägtes Bewußtsein davon, daß sie sich an die Normalität der Nichtbehinderten anpassen muß, und sie realisiert die unterschiedliche gesellschaftliche Stellung von behinderten Jungen/Männern und behinderten Mädchen/Frauen. Ihre Träume hat sie noch nicht aufgegeben, auch wenn die Realität sie bedroht.

7. Da die Situation und besonders die Zukunftsperspektiven behinderter Mädchen sehr stark durch gesellschaftliche Aussichtslosigkeit und Ignoranz gekennzeichnet sind, halte ich es für besonders wichtig, alle Ansätze und Initiativen der *Selbsthilfe* behinderter Mädchen und Frauen zu fördern und zu unterstützen. Die Möglichkeiten der Selbsthilfe als Perspektive für behinderte Mädchen/Frauen müßten bereits in der Schule zum Unterrichtsinhalt gemacht werden.

Selbsthilfegruppen behinderter Mädchen sollten, wenn sie überhaupt einer sporadischen oder regelmäßigen Anleitung bedürfen, von behinderten Frauen mit Selbsthilfeerfahrungen begleitet werden.

8. Darüber hinaus ist zu fordern, daß diejenigen, die mit behinderten Mädchen arbeiten und sowohl deren aktuelle Situation als auch deren Zukunftsperspektiven beeinflussen, sich für die Situation behinderter Mädchen bzw. für geschlechtsspezifische Problemlagen von Mädchen und Jungen *sensibilisieren.*

9. Dies setzt voraus, daß die genannte Problematik intensiv in der Ausbildung von Sonderschullehrer/inne/n, und ebenso von Berufsberater/inne/n, behandelt wird.

Eine Sensibilisierung für die Situation behinderter Mädchen sollte auch im Rahmen von Fortbildungen geschehen. So könnte ich mir vorstellen, anhand der Ergebnisse der vorliegenden vier Interviews mit Lehrerinnen gemeinsam die Widersprüchlichkeit zu bearbeiten,

- in der sie selbst in der Schule stehen,
- in der sie als nichtbehinderte Frauen behinderten Mädchen gegenüber stehen,
- in der die Schülerinnen stehen,
- in die sie die Schülerinnen bringen,
- welche Konflikte zwischen Lehrerinnen und Schülerinnen bestehen und
- wie die Aussichtslosigkeit der Sonderschule, der Lehrer/innen und der Schüler/innen aufzubrechen ist.

Hier wären besonders auch die Zukunftsperspektiven der Mädchen zu diskutieren und Möglichkeiten zu erarbeiten, die Situation der Mädchen und Jungen zum Unterrichtsinhalt zu machen und auf dieser Grundlage gesellschaftliche Veränderungen im Sinne der Betroffenen anzustreben.

Anmerkungen

1 Zu einer ausführlichen Ableitung der Zusammenhänge von Normalität und Behinderung vor dem Hintergrund weiblicher Lebenszusammenhänge vgl. *Schildmann:* Lebensbedingungen behinderter Frauen, Gießen 1983, Kapitel 2.

2 Vgl. *Werner:* Zur Bedeutung der informellen sozialen Kontrolle für „abweichendes Verhalten" von Frauen, in: Gipser/Stein-Hilbers (Hg.): Wenn Frauen aus der Rolle fallen, Weinheim/Basel 1980, S. 221 ff.

3 Zur Analyse der Zusammenhänge von familialer Reproduktionsarbeit und Erwerbsarbeit von Frauen vgl. *Bock/Duden:* Arbeit aus Liebe – Liebe als Arbeit, in: Frauen und Wissenschaft. Beiträge zur Berliner Sommeruniversität für Frauen – Juli 1976, Berlin 1977, S. 118 - 199;
Ein italienisches Kollektiv: . . . ausgebeutet sein, München 1977
Kontos/Walser: Hausarbeit ist doch keine Wissenschaft!, in: Beiträge zur feministischen Theorie und Praxis 1, S. 66 - 80;
Ostner: Beruf und Hausarbeit, Frankfurt/New York 1979;
Schröder: Unbezahlte Hausarbeit, Leichtlohnarbeit, Doppelarbeit. Zusammenhänge und Folgen, in: Frauen als bezahlte und unbezahlte Arbeitskräfte. Beiträge zur 2. Berliner Sommeruniversität für Frauen – Okt. 1977, Berlin 1978, S. 108 - 118;
Werlhof, v.: Frauenarbeit: Der blinde Fleck in der politischen Ökonomie, in: Beiträge zur feministischen Theorie und Praxis 1, S. 18 - 32

4 Vgl. vor allem *Chesler:* Frauen – das verrückte Geschlecht?, Reinbek bei Hamburg 1977, S. XXIII, S. 67 ff.;
Beauvoir, de: Das andere Geschlecht. Sitte und Sexus der Frau, Reinbek bei Hamburg 1968, Einleitung.

5 In welchem Verhältnis dazu „Schutz", individuelle Förderung u. ä. der betroffenen Personen durch *Sonder*-Maßnahmen und -Einrichtungen stehen, müßte näher untersucht werden.

6 Vgl. *Jantzen:* Konstitutionsprobleme materialistischer Behindertenpädagogik, Lollar 1977, S. 197.

7 a.a.O., S. 199f.

8 *Statistisches Bundesamt Wiesbaden:* Körperliche, geistige und seelische Behinderung von Kindern. Ergebnis der Zusatzbefragung im April 1974, in: Wirtschaft und Statistik (1975) 9, S. 611 - 614.
Alle späteren Datenerhebungen des Statistischen Bundesamtes weisen nur amtlich anerkannte behinderte Kinder aus (Ausweisstatistik). Hiernach waren 1981 99.450 Kinder bis 15 J. behindert, davon 56,7 % Jungen (vgl. Statistisches Bundesamt Wiesbaden: Fachserie 13. Beinderte 1981, S. 14

9 Vgl. a.a.O., S. 611

10 Das *Statistische Bundesamt Wiesbaden* ermittelt für 1980 wiederum einen Anteil von Sonderschülerinnen an allen Sonderschülern von ca. 40 %. Vgl.: Bildung im Zahlenspiegel 1982, S. 40

11 Vgl. *Strasser* u. a.: Das körperbehinderte Kind, Berlin 1968, S. 12ff.;
Speck: Der geistigbehinderte Mensch und seine Erziehung, München/Basel 1970, S. 127;
Bläsig/Schomburg: Das Dysmelie-Kind, Stuttgart 1966, S. 6.

12 Vgl. *Tuchscherer;* Zur Funktion der Hausarbeit von Müttern behinderter Kinder, unveröffentl. Diplomarbeit, Pädagogische Hochschule Berlin 1979, S. 102f. Über ihre Schuldgefühle ihrem Ehemann gegenüber sagt eine der interviewten Mütter:
„Mein Mann war unheimlich lieb. Aber ich war ja diejenige, die das Kind hatte haben wollen, weil unser erstes Kind gestorben war und Jens nun allein. Nun war das Kind eine Last für ihn und ich auch, weil ich immer weinen mußte. Er konnte sich beherrschen."

13 Vgl. hierzu *Aly/Aly/Tumler;* Kopfkorrektur oder der Zwang gesund zu sein. Ein behindertes Kind zwischen Therapie und Alltag, Berlin 1981.

14 *Tuchscherer,* a.a.O., S. 87, berichtet aus dem Interview mit einer Mutter:
„Frau W. erinnert sich, daß auch der Kinderarzt ‚erschrocken' über Markus war und zur Heimeinweisung riet: ‚So ein Kind behält man nicht. Sie ruinieren Ihr Leben' ".

15 Vgl. hierzu *Richter:* Eltern, Kind, Neurose, Hamburg 1972.

16 Vgl. z. B. *Barthelmes/Heimbucher:* Integrierte Sozialisationshilfen für Kinder mit besonderen Bedürfnissen. Probleme – Modelle – Maßnahmen, hrsg. vom Deutschen Jugendinstitut, München 1979 (DJI-Materialien).

17 Vgl. vor allem die von der *Bundesarbeitsgemeinschaft Hilfe für Behinderte/Kluge/Sparty* hrsg. Schrift: „Sollen, können, dürfen Behinderte heiraten?" Bonn-Bad Godesberg 1977.

18 Diese Einschätzung habe ich besonders beim Durcharbeiten der letzten Jahrgänge der „Zeitschrift für Heilpädagogik" gewonnen.

19 Vgl. *Wertenbroch/Wertenbroch:* Lernziele für das Fach „Hauswirtschaft" an Schulen für Lernbehinderte, in: Zeitschrift für Heilpädagogik 27 (1976) 6, S. 380 - 382.

20 *Preuss:* Die Berufsstruktur in den Lesebüchern der Schule für Lernbehinderte, in: Zeitschrift für Heilpädagogik 28 (1977) 7, S. 443.

21 a.a.O., S. 444f.

22 *Kirschey:* Betriebspraktika mit Lernbehinderten. Eine Zwischenbilanz aus der Praxis, in: Zeitschrift für Heilpädagogik 28 (1977) 5, S. 329.

23 *Bundesanstalt für Arbeit:* Berufsberatung 1979/80. Ergebnisse der Berufsberatungsstatistik, Nürnberg, im Oktober 1981, S. 59ff.

24 a.a.O., S. 56.

25 *Hülsmann:* Soziographische Analyse zu behinderten Auszubildenden. Untersuchungsergebnisse im Rahmen des Projektes „Berufliche Bildung Behinderter", in: Berufliche Rehabilitation. Heft 35 der Materialien und statistischen Analysen zur beruflichen Bildung, Berlin 1983, S. 61

26 a.a.O., S. 76f.

27 Vgl. hierzu auch:
Bartz: Ergebnisse aus Erhebungen über Abgänger Hamburger Sonderschulen für Lern-

behinderte (1968 - 1975), in: Zeitschrift für Heilpädagogik 27 (1976) 5, S. 321 - 325; ders.: Ergebnisse der Ergebung über Abgänger der Hamburger Schulen für Lernbehinderte 1977, in: Zeitschrift für Heilpädagogik 29 (1978) 7, S. 428 - 435; *Bastian:* Zwischen Schule und Arbeitsplatz – Mädchen in berufsvorbereitenden Lehrgängen (Eine Wirkungsanalyse), in: Behindertenpädagogik 20 (1981) 3, S. 226 - 239; *Scharff/Zielke:* Zu den Berufsperspektiven und Berufswünschen von Abgängern der Schule für Lernbehinderte am Beispiel einer Nürnberger Untersuchung, in: Zeitschrift für Heilpädagogik 29 (1978) 12, S. 745 - 752).

28 *Tews/Wöhrl:* Behinderte in der beruflichen Rehabilitation, Weinheim und Basel 1981, S. 196.

29 Vgl. *Schildmann,* 1983, a.a.O., Kap. 3.

Literaturverzeichnis

Aly, Monika/*Aly,* Götz/*Tumler,* Morlind: Kopfkorrektur oder der Zwang gesund zu sein. Ein behindertes Kind zwischen Therapie und Alltag, Berlin 1981

Artmann, Werner: Die Situation behinderter Jugendlicher bei der Schulentlassung, in: Zeitschrift für Heilpädagogik, 30 (1979) 1, S. 2-8

Balzer, Brigitte/*Rolli,* Susanne: Sozialtherapie mit Eltern Behinderter, Weinheim/Basel 1975

Barthelmes, Jürgen/*Heimbucher,* Achim: Integrierte Sozialisationshilfen für Kinder mit besonderen Bedürfnissen. Probleme – Modelle – Maßnahmen, hrsg. vom Deutschen Jugendinstitut (DJI-Materialien), München 1979

Bartz, Arno: Ergebnisse aus Erhebungen über Abgänger Hamburger Sonderschulen für Lernbehinderte (1968-1975), in: Zeitschrift für Heilpädagogik, 27 (1976) 5, S. 321-325

–: Ergebnisse der Erhebung über Abgänger der Hamburger Schulen für Lernbehinderte 1977, in: Zeitschrift für Heilpädagogik, 29 (1978) 7, S. 428 - 435

Bastian, Lothar H.: Zwischen Schule und Arbeitsplatz – Mädchen in berufsvorbereitenden Lehrgängen (Eine Wirkungsanalyse), in: Behindertenpädagogik, 20 (1981) 3, S. 226 - 239

Baumeler, Brigitt u.a.: Behinderte Liebe, Filmexposé, unveröff. Ms., o.O., o.J.

Beauvoir, Simone de: Das andere Geschlecht. Sitte und Sexus der Frau, Reinbek bei Hamburg 1968

Becker, Klaus/*Bönner,* Karl: Berufsorientierung und Berufswahl Verhaltensgestörter, in Behindertenpädagogik, 20 (1981), S. 206 - 214

Bläsig, W./*Schomburg,* E.: Das Dysmelie-Kind, Stuttgart 1966

Bleidick, Ulrich/*Hagemeister,* Ursula: Einführung in die Behindertenpädagogik, Band I. Allgemeine Theorie und Bibliographie, Stuttgart/Berlin/Köln/Mainz 1977

Bock, Gisela/*Duden,* Barbara: Arbeit aus Liebe – Liebe als Arbeit, in: Frauen und Wissenschaft. Beiträge zur Berliner Sommeruniversität für Frauen – Juli 1976, Berlin 1977, S. 118 - 199

Brinkmann, Christian/*Gierse,* Ludwig: Zum Bedarf an Berufsbildungswerken für behinderte Jugendliche, in: Mitteilungen aus der Arbeitsmarkt- und Berufsforschung, 7 (1974) 2, S. 73 - 94

Bundesanstalt für Arbeit: Berufsberatung 1979/80. Ergebnisse der Berufsberatungsstatistik, Nürnberg, im Oktober 1981

Bundesarbeitsgemeinschaft Hilfe für Behinderte/Kluge, K.-J./*Sparty,* Léo (Hg.): „Sollen, können, dürfen Behinderte heiraten?", Bonn-Bad Godesberg 1977

Burgard, Roswitha: Wie Frauen verrückt gemacht werden, Berlin-West 1977

Chesler, Phyllis: Frauen – das verrückte Geschlecht? Reinbek bei Hamburg 1977

Degen, Ulrich/*Hülsmann,* Saskia/*Kloas,* Peter-Werner/*Melms,* Brigitte/*Podeszfa,* Helena: Berufliche Bildung Behinderter. Schwerpunkte und Probleme der Ausbildung, Umschulung und Fortbildung in Betrieben und Rehabilitationseinrichtungen, in: Berichte zur beruflichen Bildung, Heft 43, Berlin 1982

Deutscher Bildungsrat: Zur pädagogischen Förderung behinderter und von Behinderung bedrohter Kinder und Jugendlicher. Empfehlungen der Bildungskommission, Bonn 1973

Dietrich, Michael: Die Berufsausbildung lernbehinderter Jugendlicher. Ein Beitrag zur Systematisierung der Ausbildungsmöglichkeiten, in: Zeitschrift für Heilpädagogik, 29 (1978) 8, S. 489 - 496

Ein italienisches Kollektiv: . . . ausgebeutet sein, München 1977

Eggli, Ursula: Herz im Korsett. Tagebuch einer Behinderten, Bern 1978

Foucault, Michel: Die Macht und die Norm, in ders.: Mikrophysik der Macht, Berlin 1976

Gurgel, Elisabeth: Sexualität und Identität der Frau, Gießen 1975

Guski, Elin: Was behinderte Kinder krank macht, Berlin 1977

Hülsmann, Saskia: Soziographische Analyse zu behinderten Auszubildenden. Untersu-

chungsergebnisse im Rahmen des Projektes „Berufliche Bildung Behinderter", in: Berufliche Rehabilitation. Heft 35 der Materialien und statistischen Analysen zur beruflichen Bildung, Berlin 1983
Jantzen, Wolfgang: Sozialisation und Behinderung, Gießen 1974
–: Konstitutionsprobleme materialistischer Behindertenpädagogik, Lollar 1977
Joosten, Bernhardine u.a.: Weitere Gedanken zum Unterrichtsfach Hauswirtschaft/Haushaltslehre an Schulen für Lernbehinderte, in: Zeitschrift für Heilpädagogik, 28 (1977) 2, S. 126-133
Kerkhoff, Winfried: Statistik hinterfragt: Die Ergebnisse der Mikrozensus-Zusatzbefragung 1974, in: Zeitschrift für Heilpädagogik, 27 (1976) 12, S. 757 - 761
–:Behinderte in Sonderschulen: Ein statistischer Überblick, in: Sonderpädagogik, 10 (1980), S. 20 - 33
Keupp, Heinrich: Die Kontroverse um das richtige Verständnis von psychischer Störung und Normalität, Einleitung zu: ders. (Hg.): Normalität und Abweichung, München/Wien/Baltimore 1979
Kirschey, Norbert: Betriebspraktika mit Lernbehinderten, in: Zeitschrift für Heilpädagogik, 28 (1977) 5, S. 326 - 334
Klee, Ernst: Behinderten-Report II,, Wir lassen uns nicht abschieben", Frankfurt/M. 1976
Kontos, Silvia/*Walser,* Karin: Hausarbeit ist doch keine Wissenschaft!, in: Beiträge zur feministischen Theorie und Praxis 1, 1978, S. 66 - 80
Osterland, Astrid: Frauen – das „eigene Geschlecht". Überlegungen zur Emanzipation von Müttern und Töchtern aus psychoanalytischer Sicht, in: Frauen und Mütter. Beiträge zur 3. Sommeruniversität von und für Frauen – 1978, Berlin 1979, S. 23-38
Ostner, Ilona: Beruf und Hausarbeit, Frankfurt a.M./New York 1979
Prengel, Annedore: Was ist besonders an der Situation der Sonderschülerinnen, in: Brehmer, Ilse (Hg.): Sexismus in der Schule, Weinheim/Basel 1982, S. 202 - 214
Preuss, Eva B.: Die Berufsstruktur in den Lesebüchern der Schule für Lernbehinderte, in: Zeitschrift für Heilpädagogik, 28 (1977) 7, S. 440 - 448
Richter, Horst-Eberhard: Eltern, Kind, Neurose, Hamburg 1972
Sagi, Alexander: Das körperbehinderte Kind, Freiburg i. B. 1966
Scharff, Günter/*Zielke,* Dietmar: Zu den Berufsperspektiven und Berufswünschen von Abgängern der Schule für Lernbehinderte am Beispiel einer Nürnberger Untersuchung, in: Zeitschrift für Heilpädagogik, 29 (1978) 12, S. 745 - 752
Schildmann, Ulrike: Zur politischen und ökonomischen Funktion der beruflichen Rehabilitation Behinderter in der BRD und West-Berlin, Rheinstetten 1977
–: Lebensbedingungen behinderter Frauen, Gießen 1983
Schröder, Hannelore: Unbezahlte Hausarbeit, Leichtlohnarbeit, Doppelarbeit. Zusammenhänge und Folgen, in: Frauen als bezahlte und unbezahlte Arbeitskräfte. Beiträge zur 2. Berliner Sommeruniversität für Frauen - Okt. 1977, Berlin 1978, S. 108 - 118
Speck, Otto: Der geistigbehinderte Mensch und seine Erziehung, München/Basel 1970
Statistisches Bundesamt Wiesbaden: Körperliche, geistige und seelische Behinderung von Kindern. Ergebnisse einer Mikrozensus-Zusatzbefragung im April 1974, in: Wirtschaft und Statistik, 1975, 9, S. 611 - 614
–: Die Situation der Kinder in der Bundesrepublik, 1979
–: Zur Situation der Behinderten in der Bundesrepublik, 1981
–: Fachserie 13. Behinderte 1981
–: Bildung im Zahlenspiegel 1982
Strasser, H./*Sievert,* G./*Munk,* K.: Das körperbehinderte Kind, Berlin 1968
Tews, Hans-Peter/*Wöhrl,* Hans-Georg: Behinderte in der beruflichen Rehabilitation. Strukturen – Prozesse – Ergebnisse, Weinheim und Basel 1981
Thom, Achim/*Weise,* Klaus: Ist der Begriff der „psychischen Krankheit" ein Mythos?, in: Heinrich Keupp (Hg): Normalität und Abweichung, München/Wien/Baltimore 1979, S. 67-61
Tuchscherer, Ingeborg: Zur Funktion der Hausarbeit von Müttern behinderter Kinder, Di-

plomarbeit an der Pädagogischen Hochschule Berlin 1979, Berlin 1979, unveröff. Ms.
Werlhof, Claudia von: Frauenarbeit: Der blinde Fleck in der politischen Ökonomie, in: Beiträge zur feministischen Theorie und Praxis 1, 1978, S. 18 - 32
Werner, Vera: Zur Bedeutung der informellen sozialen Kontrolle für „abweichendes Verhalten" von Frauen, in: Gipser, Dietlinde/Stein-Hilbers, Marlene (Hg.):Wenn Frauen aus der Rolle fallen, Weinheim/Basel 1980, S. 217 - 230
Wertenbroch, Magdalene/*Wertenbroch,* Wolfgang: Lernziele für das Fach „Hauswirtschaft" an Schulen für Lernbehinderte, in: Zeitschrift für Heilpädagogik, 27 (1976) 6, S. 380 - 382